화폭 위에 춤추는 조선인의 삶과 꿈
김홍도

본문 그림 김충렬

김충렬 선생님은 동양화를 전공했으며 출판미술협회와 '예문회', 가치노을'의 회원으로 활동하고 있습니다.
그린 책으로 《아라비안 나이트》, 《탈무드 이야기》, 《거인의 뜰》 등이 있습니다.

부록 그림 김부일·오정희

김부일 선생님은 〈한국일보〉에서 일러스트, 인포메이션 그래픽 업무를 했으며
'뉴시스' 멀티미디어 팀 부장, 〈데일리줌〉 만화 팀장 등을 역임했습니다.
현재 (주)김부일커뮤니케이션을 설립하여 다양한 기획 및 일러스트를 진행하고 있습니다.
오정희 선생님은 공주문화대학 만화예술과를 졸업하고, 학산 문화사 신인 공모전에 입선했습니다.
에듀 조선의 연재 만화 〈맛있는 한자〉의 컬러를 담당했으며 현재 프리랜스 일러스트레이터로 활동하고 있습니다.

표지 그림 이대열

이대열 선생님은 공주문화대학 만화예술과를 졸업하고, 현재 프리랜스 일러스트레이터로 활동하고 있습니다.
〈소비자가 만드는 신문〉에 만평을 연재하고 있습니다.

웅진생각쟁이인물 27

김홍도

초판 1쇄 인쇄 2007년 10월 22일
초판 1쇄 발행 2007년 11월 5일

지은이 박상수
발행인 최봉수
편집인 임후남
책임편집 김웅식

편집진행 구준회 김혜영 오희은 이선주
교   정 신윤덕
디 자 인 _이영수 박소연 www.idnb.co.kr
사진제공 포인스 연합포토 유로포토 장철민 이석진
마 케 팅 서재근 박성인 박상현 이태훈 임헌석 김영준

임프린트 씽크하우스
주   소 서울시 마포구 서교동 466-8 코마빌딩 4층
주문전화 02-3670-1591 팩스 02-747-1239
문의전화 070-8002-0051 이메일 khan@wjbooks.co.kr

발 행 처 (주)웅진씽크빅
출판신고 1980년 3월 29일 제406-2007-00046호

© 박상수 2007 (저작권자와 맺은 특약에 따라 검인을 생략합니다)
ISBN 978-89-01-07219-7
ISBN 978-89-01-07192-3(세트)

씽크하우스는 (주)웅진씽크빅 단행본 그룹의 임프린트입니다.
이 책은 저작권법에 따라 보호받는 저작물이므로 무단 전재와 무단 복제를 금지하며,
이 책 내용의 전부 또는 일부를 이용하려면 반드시 저작권자와 (주)웅진씽크빅의 서면동의를 받아야 합니다.

· 잘못된 책은 바꾸어 드립니다.
· 책값은 뒤표지에 있습니다.

웅진생각쟁이인물 27

화폭 위에 춤추는 조선인의 삶과 꿈
김홍도

박상수 지음

머리말

화가는
그림으로 말한다

여러분, 반갑습니다. 여러분이 어디에서 이 책을 읽고 있는지는 모르지만, 책을 통해 씩씩하고 총명하고 건강한 어린이들과 만나게 되어서 무척 행복합니다.

아마도 여러분 가운데 김홍도를 모르는 사람은 없을 거예요. 특히 풍속화로 우리에게 널리 알려진 김홍도는 말 그대로 조선 후기를 대표하는 국민 화가였답니다. 무엇보다도 그는 당대의 유명한 미술 평론가이자 화가였던 스승 강세황을 만나 일찍이 재능을 꽃피웠고, 정조의 후원 속에 말년까지 비교적 유복한 환경에서 그림을 그릴 수 있었습니다. 풍속화를 비롯하여 신선도까지 못 그리는 그림이 없었고, 풍류에도 능한 그야말로 만능 '예술가'라고 할 수 있는 사람이었죠.

김홍도는 양반이 아니라 중인이었기 때문에 기록이 많이 남아 있지 않습니다. 비교적 예술을 중시한다는 시대였지만 그럼에도 불구하고 신분 사회를 극복할 수는 없었던 것이지요. 그래서 글을 쓰는 내내 더욱 생생하게 그의 삶을 그려 내지 못한 것이 많이 아쉬웠습니다.

　하지만 여러분은 이 책을 이렇게 읽어 보면 어떨까요? 그가 무슨 무슨 그림을 그렸고 그 그림이 지금 어디에 남아 있는지 하는 자질구레한 것들을 기억하기보다는 직접 김홍도가 되어서 그가 그림을 그릴 당시 어떤 기분이었을지 상상해 보는 거예요.

　예술이란 지식으로 하는 것이 아니라 마음과 느낌으로 하는 것이거든요. 그렇게 김홍도의 그림을 마음속에서 따라 그려 나가다 보면 책을 덮을 때쯤 여러분도 화가가 되어 자신만의 멋진 그림 한 점 그리고 싶은 생각을 하게 되지 않을까요?

　우리는 한 사람 한 사람 모두 소중하고 아름다운 존재입니다. 자신만의 느낌과 감정을 소중히 생각하세요. 그리고 표현해 보세요. 비록 그것이 부족한 글이고, 그림이고, 음악이라도 '예술'은 그렇게 시작되니까요.

　　　　　　　　　　　　　　　　　　　　　　　　　박상수

차례

머리말   4

조선의 국민 화가 김홍도   8

시대가 만든 천재 화가   18

<small>생각쟁이 열린마당</small> 조선 시대 화가들의 지위   30

임금의 직속 화가가 되다   32

<small>생각쟁이 열린마당</small> 예술가와 패트론   42

평생의 스승이자 친구인 강세황을 만나다   44

<small>생각쟁이 열린마당</small> 조선 시대 초상화와 오늘날 '셀카'의 차이   54

신선과도 같은 사람   58

<small>생각쟁이 열린마당</small> 조선의 4대 화가   75

풍속화에 담긴 비밀   78

<small>생각쟁이 열린마당</small> 김홍도와 신윤복의 풍속화는 어떻게 다를까?   90

금강산을 그려라! 92

생각쟁이 열린마당 예술은 독창성이다 109

김홍도 최대의 역작 '용주사 프로젝트' 112

생각쟁이 열린마당 탱화에 담긴 정신 122

궁궐 최고의 사진사 김홍도 124

생각쟁이 열린마당 문화로 먼저 이룬 통일 135

〈주상관매도〉에 담긴 동양 사상 138

생각쟁이 열린마당 서양화와 동양화에 담긴 사상적 차이 147

마지막까지 붓을 놓지 않은 김홍도 150

생각쟁이 열린마당 문화 예술을 지켜라! 161

김홍도의 발자취 164

조선의 국민 화가
김홍도

청계천에서 부활한 김홍도의 그림

혹시 김홍도가 그린 〈화성행행반차도〉라는 그림을 본 적이 있나요? 아마도 직접 본 사람은 별로 없을 거예요. 게다가 원본은 서울대 규장각에 보관되어 있으니 우리가 도서관에 가서 책을 읽듯 쉽게 보기도 어렵답니다.

〈화성행행반차도〉는 정조의 수원 화성 행차 장면을 담고 있는 그림이지요. 김홍도가 정조의 명을 받아 여러 화가와 함께 그린 작품으로, 크기가 가로 15미터, 세로 18미터에 이르는 대작입니다. 그런데 이제 이 그림을 규장각도, 미술관도, 박물관도 아닌 우리의 생활 공간에서 쉽게 찾아볼 수 있게 되었어요. 그곳이 어디냐고요? 바로 서울의 새로운 명물인 청계천입니다.

종로 2가 삼일빌딩 주변의 청계천 옹벽에 〈화성행행반차도〉가 자리하고 있습니다. 타일처럼 생긴 여러 조각의 도자기에 그림을 그려 구운 뒤 벽에 붙인 일종의 벽화인 셈이지요. 수많은 사람이 청계천을 오가며 벽화를 보았더라도 큰 관심을 기울이지 않는 한, 이 그림이 누구의 그림인지 혹은 어떤 내용을 담고 있는지 잘 알지 못했을 것입니다.

정조는 임금의 자리에 있는 동안 사도 세자의 무덤을

〈화성행행반차도〉 청계천 복원과 함께 벽면에 재현된 〈화성행행반차도〉 그림 중 일부다.

자주 찾았습니다. 사도 세자는 뒤주에 갇혀 억울하게 죽은 정조의 아버지입니다. 정조는 사도 세자를 기리기 위해 지금의 신도시처럼 아예 무덤 주변에 성을 쌓고 새로운 도시를 만들기도 했습니다. 그곳이 바로 지금의 수원 화성이지요. 〈화성행행반차도〉는 사도 세자의 능을 참배하기 위해 한양을 떠난 정조의 행렬을 그대로 표현한 그림입니다.

당시 정조가 화성으로 가기 위해서는 우선 청계천 다리를 꼭 건너야 했지요. 그래서 청계천 복원과 동시에 〈화성행행반차도〉라는 옛 그림이 현대적인 모습으로 청계천의 한 부분을 장식하게 된 것입니다. 예쁘고 화려한 색까지 더해져서 말이에요.

그 시절 정조의 행차에는 정승 판서와 내의원 의관, 수라간 상궁과 내시에 이르기까지 자그마치 6000여 명이 뒤를 따랐다고 합니다. 정말 대단한 규모지요.

지금이야 서울에서 수원 화성까지 자동차로 1시간 정도밖에 걸리지 않지만, 당시에는 자동차가 없었기 때문에 말과 가마를 이용해 움직여야 했습니다. 또 한강은 배와 배를 연결해 거대한 배다리를 만들어 건넜다고 합니다. 그리고 시흥에 마련된 행궁˙에서 하룻밤을 보낸 다음 날에야 수원에 도착할 수 있었답니다.

> **행궁** 임금이 궁궐 밖으로 나들이할 때 잠시 머물기 위해 특별히 따로 지은 궁전.

수원 화성 정조가 사도 세자의 묘를 옮기면서 만든 성으로, 현재 세계 문화유산으로 등재되었다.

　말과 가마를 타거나 줄지어 걸으며 6000여 명이 한꺼번에 움직이는 장면은 쉽게 보기 힘든 장관이었을 것입니다. 누구라도 그 옆에 있었다면 왕의 행렬을 따라가면서 흥겹게 구경할 마음이 들었을 거예요. 그때는 그렇게 화려한 구경거리가 별로 없었을 테니까요.
　이렇듯 정조의 행렬은 조선 개국 이래 최대의 행사라는 말이 어울릴 만큼 웅장하고 아름다운 모습이었습니다.
　정조는 이토록 중요한 나라의 행사를 오래도록 기록으로 남기기 위해 김홍도에게 그림 그리는 책임을 맡겼던 것입니다. 정조가 김홍도를 얼마나 믿었는지를 쉽게 짐작할 수 있는 대목이지요.

김홍도가 그린 〈화성행행반차도〉에는 총 1779명의 사람과 779필의 말이 등장합니다. 하나하나 살펴보면 김홍도의 풍속화에 나오는 등장 인물과 말의 모습을 그대로 닮아 있어 재미있고 신기합니다.

서당에서 훈장님에게 매 맞는 아이의 얼굴이 보이는 것 같기도 하고, 문득 씨름판 주변에서 떡을 파는 사람의 얼굴이 떠오르기도 합니다. 여인네들이 얼굴을 가린 채 남자 마부들이 이끄는 말을 타고 가는 모습은 또 어떻고요.

이처럼 그림 속에는 우리 조상의 모습이 아주 생생하게 담겨 있습니다. 그래서 청계천의 〈화성행행반차도〉를 보고 있으면 바로 우리 눈앞에서 조상들의 삶이 그대로 살아 숨 쉬는 듯한 착각이 들기도 합니다.

안산의 축제 마당에서 다시 만난 김홍도

해마다 10월이 되면 김홍도를 기리는 축제가 열리는 곳이 있습니다. 바로 경기도 안산입니다. 안산은 서울의 남서쪽에 위치한 작고 아담한 도시입니다.

"자꾸만 화살이 다른 데로 날아가요!"

"화살을 힘껏 뒤로 당겼다 쏴야지. 안 그러면 땅에 떨어질걸?"

초등학교 4~5학년생으로 보이는 한 친구가 활시위를 당기고 있습니다. 하지만 아무리 화살을 똑바로 쏘려고 해도 화살은 자꾸만 바닥으로 떨어집니다. 활터를 둘러싸고 구경하던 사람들이 웃음을 터뜨립니다. 친구는 그만 얼굴이 빨개져서 고개를 숙이고 맙니다. 잠시 뒤 다시 한 번 힘을 내 활시위를 당기자, 화살은 보란 듯이 과녁 한가운데에 꽂혔습니다.

"우아! 명중이다, 명중. 박수!"

많은 사람이 저마다 환한 웃음을 지으며 흥겨운 잔치를 즐기는 사이 '김홍도 축제'의 흥겨움은 무르익어 가고 있습니다.

길쌈 실을 가공하여 옷감을 만들기까지의 모든 일을 통틀어 이르는 말.

떡메 치기 인절미나 흰떡을 만들기 위해 굵고 짧은 나무토막의 중간에 구멍을 뚫은 '메'라는 도구로 찐 쌀을 치는 것.

활쏘기는 김홍도의 풍속화 중에서 〈활쏘기〉라는 그림을 그대로 재현한 놀이입니다. 그 옆으로는 길쌈˚과 떡메 치기˚를 해 볼 수 있는 곳도 보입니다. 모두 김홍도의 풍속화에 등장하는 조선 시대 우리 조상의 풍속을 현실에 옮겨 놓은 것입니다.

행사장 이곳저곳에서 즐거운 시간을 보내는 가족들의 모습이 보입니다. 만약 시간이 넉넉해 근처에서 열리는 김홍도 미술제까지 구경한다면 더없이 좋을 것입니다.

축제 구경이 끝나면 '단원구'에 들러 보는 것은 어떨까요? '김홍

'김홍도 축제'와 '단원 미술제' 김홍도를 기념하기 위해 해마다 10월 경 경기도 안산에서 열리는 축제다.

도 축제'와 '단원 미술제'가 열리는 안산에는 실제로 동네 이름이 '단원구'인 곳이 있답니다. "에이 거짓말, 진짜 단원 김홍도 할 때 그 '단원'을 따서 이름을 지었다고요?"

여러분 중에 이렇게 말하는 사람도 있겠지만, 안산의 단원구는 서울의 종로구, 강남구 하는 것처럼 김홍도의 호를 따 동네 이름을 지은 것이 맞답니다. 그렇다면 당연히 이곳에 있는 보건소나 경찰서의 이름도 짐작할 수 있을 것입니다. '단원 보건소', '단원 경찰서'……. 정말 신기하지요?

실제로 단원 경찰서 안에 들어서면 현대 미술가들이 김홍도를 기리기 위해 그린 벽화를 볼 수도 있답니다.

이쯤 되면 새로운 궁금증이 생기지 않을 수 없지요. 무슨 까닭에 안산은 어딜 가나 김홍도의 숨결을 느낄 수 있는 것일까요?

예로부터 안산은 학문적 토양이 드높은 곳이었습니다. 특히 영조·정조 시대에는 실학의 대가였던 성호 이익이 살았고, 시와 글씨, 그림에 뛰어난 재주를 보인 표암 강세황이 살았던 곳이기도 합니다.

김홍도 역시 어린 시절을 이곳에서 보냈답니다. 화가로서 이름을 얻기까지 강세황을 스승으로 삼아 이곳에서 그림을 배웠지요. 결국 지금의 안산은 김홍도가 화가로서의 꿈을 키운 터전과도 같은 곳입니다.

김홍도의 아버지 김석무는 벼슬을 하지 못했어요. 그래서 온 식구가 가난하게 지낼 수밖에 없었습니다. 하지만 김홍도는 스무 살 무렵 이미 전국 팔도에 자신의 이름을 떨치며 조선의 국가 대표급 화가로 인정받기 시작했지요.

여기서 잠깐! 청계천에서 시작해 안산의 축제 한마당까지 돌아보니 김홍도에 대한 호기심이 점점 더 커진다고요? 그렇다면 곧바로 18세기 조선으로 시간 여행을 떠나 보는 건 어떨까요? 그 당시 조선의 모습을 먼저 살펴본다면, 김홍도의 삶을 이해하는 데 많은 도움이 될 거예요.

시대가 만든
천재 화가

조선의 학문과 사상도 변화가 필요해!

김홍도가 태어난 1745년은 영조가 왕위에 오른 지 21년째 되는 해였어요. 영조는 비록 아들인 사도 세자를 뒤주에 가두어 죽게 만들었지만, 임금으로서 커다란 업적을 쌓은 사람입니다.

신문고 제도를 부활시켜 백성들의 억울한 사연을 귀담아들을 줄 알았고, 균역법을 실시해 백성들의 무거운 짐을 덜어 주기도 했습니다.

'균역법'이란 성인 남자들의 병역 의무를 대신해 매년 베 두 필씩을 내던 제도를 말합니다. 그런데 이전까지는 탐관오리들의 횡포가 심해 죽은 사람에게까지 베를 걷는 못된 일이 벌어지기도 했답니다. 그러니 백성들의 원성이 자자할 수밖에 없었지요. 그래서 영조는 이것을 베 한 필씩으로 줄여 받도록 했습니다.

뿐만 아니라 문화 예술 분야에도 관심이 깊어 조선의 문화가 발전할 수 있는 기틀을 닦았습니다. 또한 당시 당파와 관계없이 인재를 고르게 등용하는 탕평책을 펼쳐 왕권을 강하게 지켜 나가고 있었어요.

〈김홍도 상〉

"누구든 실력 있는 자에게는 벼슬을 주고 그렇지 못한 자에게는 벼슬을 주지 않을 것이니, 이를 널리 알리고 엄히 따르도록 하라."

영조의 뒤를 이어 왕위에 오른 사람은 사도 세자의 아들인 정조였습니다. 정조는 억울하게 죽은 아버지를 위해 수원 화성을 쌓을 정도로 아버지에 대한 사랑이 극진한 임금이었습니다. 또한 영조에 버금갈 만큼 뛰어난 임금이었답니다.

영조와 정조로 이어지는 시기는 조선 후기의 황금

신문고 제도 조선 시대에 억울한 일을 당한 백성이 대궐의 바깥문 위의 문루에 매달아 놓은 북을 치며 임금에게 하소연할 수 있도록 한 제도. 그러나 실제로는 일반 백성들이 잘 이용하지 않아 연산군 때에 사라짐.

탕평책 영조 때에 서로 다른 당파끼리 싸우는 것을 막기 위해 각 당파에서 고르게 인재를 뽑던 정책으로, 정조 때까지 그대로 이어짐.

시대가 만든 천재 화가 **19**

기였다고 할 수 있어요. 정조 역시 영조의 뜻을 따라 탕평책을 줄기차게 밀고 나갔지요. 또한 정조는 주자의 성리학을 중심으로 나라를 다스려 나갔답니다.

문학과 역사, 철학을 합쳐 '문사철(文史哲)'이라고 표현하기도 합니다. 지금도 많은 학자가 문사철을 중요하게 생각하고 있습니다. 오늘날의 대학에서도 문사철은 학생들이 당연히 공부해야 할 기본적인 교양 과목이랍니다. 조선 시대에도 문사철에 대한 관심은 대단했습니다. 우리나라 양반들의 공부는 바로 이 문사철을 배우는 과정이었기 때문입니다.

사실 성리학은 백성을 하늘로 생각해 떠받들고 예와 도덕을 중시하는 훌륭한 사상이자, 통치 원리였어요. 하지만 지나치게 예의를 중시하고 새로운 변화를 받아들이는 데 인색한 것이 문제였답니다. 따라서 성리학 이외의 학문이나 사상은 조선 땅에 쉽사리 발을 붙일 수가 없었습니다. 정조 즉위 이전부터 성리학의 문제점을 말하는 목소리가 조금씩 터져 나오고 있었습니다.

"백날 공자 왈, 맹자 왈 하고 있어 봐야 무슨 소용이람? 성리학이 정작 우리가 사는 데 무슨 도움을 줘? 농업 기술과 같이 실생활에 도움을 줄 수 있는 학문이 필요하다니까. 토지 제도나 행정 제도를 개혁하지 않으면 조선의 미래는 결코 밝지 않아."

이처럼 실제 백성들의 생활에 도움이 될 만한 것들에 관심을 갖는 학문적 흐름을 실학이라고 합니다. 성리학자들은 옛 성현의 말씀을 잘 따르는 것이 중요하다고 생각했지만, 실학자들은 그렇지 않았습니다.

"옛 스승들의 말씀이라도 무조건 따르는 것만이 옳은 것은 아니야. 문제점이 있으면 적극적으로 연구해 고쳐 나가는 것이 중요하지 않을까?"

이후 실학은 청나라의 선진 문물을 배워 농업보다는 상업을 육성해 나라를 살려야 한다는 쪽으로 변했어요. 이를 북학*이라고 합니다. 그러니까 초기의 실학이 '농업'에 초점을 맞추었다면, 후기의 실학은 '상업'을 중요시했다고 할 수 있지요. 그리고 당시 조선에는 중국을 통해 천주교가 전래되기 시작했어요. 물론 천주교가 조선에 자리를 잡기까지는 그 뒤로도 오랫동안 많은 고통과 희생을 치러야 했답니다.

북학 영조·정조 때에, 실학자들이 청나라의 앞선 학문과 제도 및 생활양식을 받아들이자고 주장한 학문적 경향. 북학파의 학자들로는 박지원, 정약용, 이덕무 등이 있음.

이렇듯 김홍도가 살던 시대는 오랫동안 조선을 지배하던 성리학이 점차 무너지는 동시에 새로운 학문들이 밀려오던 시기였습니다. 또한 중국의 영향에서 벗어난 우리만의 고유 사상이 싹틀 준비를 하던 시기였습니다.

예술만큼 재미있는 게 어디 있어?

이 시기의 중요한 점 가운데 하나는 서얼이나 중인 계층의 활동이 두드러졌다는 것입니다. '서얼'은 양반가의 자식이기는 하지만 본부인이 아닌 첩에게서 난 자식을 일컫는 말입니다. 우리가 잘 알고 있는 《홍길동전》의 주인공 홍길동 역시 서얼이었습니다.

《홍길동전》에도 나오지만 이들은 아버지를 아버지라고 부를 수 없었지요. 또한 재능이 뛰어나더라도 일정 벼슬 이상은 할 수 없었답니다. 당시엔 양반, 중인, 상민, 천민의 구별이 엄격했기 때문에 서얼에 대한 차별은 당연한 것이라 여겼습니다.

한편 김홍도가 속해 있던 계층인 '중인'은 의관*, 역관*, 화원*을 비롯해 지방 관청의 낮은 벼슬아치나 군인 등으로 활동할 수 있었습니다. 이들 역시 특정한 벼슬 이상을 할 수 없었지요.

중인 계층은 적극적으로 김홍도의 재주를 인정해 주었습니다. 당시 양반들은 그림을 단순한 취미 활동에 불과한 것으로 여겼지만, 중인 계층에게는 그러한 고정관념이 없었어요. 이들은 화가를 천한 기술자가 아니라 또 다른 세계를 창조하는 예술가라고 여긴 것입니다. 이들 서얼과 중인 계층은 힘을 합해 '여항 문학'을 이끌기도 했습니다.

의관 조선 시대에, 내의원에 속해 의술에 종사하던 벼슬아치.
역관 통역을 맡아보던 관리를 일컬음.
화원 조선 시대에, 그림에 관한 일을 맡아보던 관리를 뜻하는 말.

'여항'이란 도시의 꼬불꼬불한 길을 말합니다. 그러니까 도시의 곧고 넓은 큰길가에 사는 양반이 아니라, 꼬불꼬불한 길 주변에 사는 서얼, 중인 등이 이룩한 문학의 경향을 여항 문학이라고 부르게 된 것입니다. 여항 문학은 양반들의 문학과는 달리 좀 더 현실적이고, 생생한 감정과 표현을 중요시하는 문학이었습니다. 이들이 만든 대표적인 모임으로 '송석원 시사'가 있었습니다.

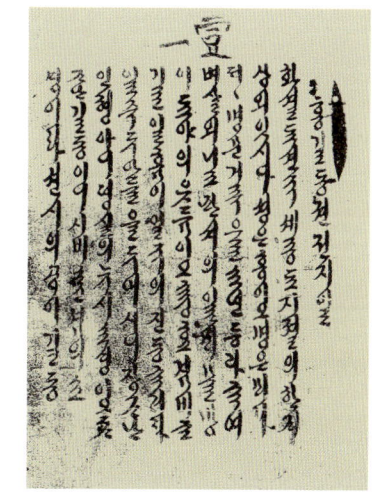

《홍길동전》 허균이 지은 최초의 한글 소설로, 양반 제도와 탐관오리를 비판하는 내용을 담고 있다.

"인왕산 푸른 정기를 받아 청계천으로 흘러내리는 냇물의 소리, 좋구나. 은 쟁반에 옥구슬이 지나가는 것처럼 맑고 푸르구나. 달이 밝고 산 밑 바위에는 추사의 글씨까지 있으니, 여기서 더 무엇을 바랄까. 여보게, 친구. 우리 이곳에 벗들을 불러 모아 시를 짓는 모임을 만들어 볼까?"

"좋네. 항상 먹고살 것을 걱정해야 할 만큼 가난하고, 게다가 공부를 해도 이름 떨칠 길은 막막하지만 벗들과 함께한다면 우리의 걱정도 달랠 수 있겠지."

송석원 시사는 인왕산 근처 바위에 새긴 추사 김정희의 글씨인 '송석원(松石園)'에서 유래되었습니다. 그러니까 송석원 시사란 송석원에 모여 시를 짓는 모임이라는 뜻이지요. 여기에 참여한 사람들은 대부분 서얼과 중인 계층이었고, 이들은 함께 시를 짓고 술을 마시며 우정을 나누었답니다.

　같은 중인 신분이었던 김홍도는 이들의 부탁을 받아 송석원 시사의 달밤 모임을 그림으로 남겼습니다. 이것이 바로 〈송석원시사야연도〉입니다. 나중에 이 모임은 참여하는 사람이 1000명에 이를 정도로 커다란 모임으로 성장했어요.

　예술을 즐기는 것으로는 평민 계층도 마찬가지였습니다. 이 시기를 일컬어 흔히 '조선 후기의 문예 부흥기'라고 칭하는 것도 이 때

영조 영조는 탕평책을 실시하는 등 나라를 안정시키기 위해 노력한 임금이다.

문이랍니다. 백성들 모두 예술을 즐길 수 있다는 것은 생각만 해도 즐거운 일입니다.

바로 이 시기에 우리가 잘 알고 있는 《춘향전》, 《심청전》, 《흥보전》, 《토끼전》 등의 국문 소설이 다양하게 창작되었어요. 또 직업적으로 책을 읽어 주는 사람들이 등장하기도 했습니다. 이들은 저잣거리 한복판에 사람들을 모아 놓고 앉아서 책을 읽어 주며 돈을 받는 직업적인 이야기꾼을 말합니다. 소리가 안 나오는 무성 영화 시절에 영화를 틀어 놓고 각 등장 인물에 맞게 대사를 읽어 주던 '변사'와 비슷한 직업이라고나 할까요?

"그때야 춘향이 이 도령을 알아보니, 아이고 서방님, 어찌하여 이리 늦으셨소, 늦으셨소……. 에구, 갑자기 목청이 꺾어지는 게, 목이 타서 말이 안 나오네."

"아하 그 사람, 그래서 어찌 되었는가! 빨리 이야기를 읽어 주어야 할 것 아닌가."

"맞네 맞아. 꼭 중요한 대목에서 뒤로 나자빠지니 원."

"아, 목이 타서 더는 읽을 수 없으니 낸들 어찌하겠소."

"자, 여기 있네. 이 돈으로 나중에 탁주 한 사발 쭉 들이켜게."
"나도 여기 있네. 거참, 그 구성진 목소리 한번 좋네. 한번 들으면 빠져나올 수가 없으니. 자, 다른 사람들도 한 푼씩 던져 놓으슈."

이렇듯 일반 백성들도 예술의 재미를 흠뻑 느낄 수 있을 정도로 문화가 발달한 때가 영조·정조 시기였습니다.

문학뿐 아니라 음악과 미술 등 다양한 예술 영역에서 많은 작품이 쏟아졌어요. 연암 박지원이 1780년 청나라 황제의 피서지였던 열하를 여행하고 돌아와 쓴 기행문 《열하일기》가 탄생한 것도 바로 이때였습니다. 18세기 초에 시작된 판소리는 일반 백성들은 물론 양반들에게까지 인기를 끌기 시작했고요. 특히 미술에서는 겸재 정선의 진경 산수화가 일대 혁명을 일으키며 조선의 그림을 완전히 바꾸어 놓았습니다.

정선(1676~1759) 조선 후기의 화가. 중국의 그림을 모방해 그리다 서른 살 이후 우리나라의 산수를 소재로 한 진경 산수화를 그림.

"이제부터는 머릿속에서 관념적으로 상상한 산과 들을 그리지 않겠다. 이미 그려 놓은 그림을 흉내 내어 그리지도 않겠다. 바로 내 눈으로 본 조선의 강산을 그리겠다!"

정조 정조는 수많은 개혁 정책을 실시하는 한편, 조선의 문예를 부흥시킨 임금이다.

그 전까지만 해도 우리나라 화가들은 중국 화가들의 그림을 그대로 모방해 그리는 것을 중시했는데, 정선이 활동하면서부터 이러한 풍토를 극복하고 우리의 산과 계곡을 있는 그대로 표현할 수 있게 되었어요.

정선은 금강산을 수차례 오르내리며 〈금강전도〉를 그렸답니다. 지금 보아도 이 그림은 대단합니다. 거친 듯하면서도 세련된 기법으로 웅장한 금강산의 모습을 멋들어지게 표현했습니다. 정선은 우리 강산의 모습을 있는 그대로 표현하고 그에 걸맞은 독자적인 구도와 기법을 추구했던 선구적인 화가였지요.

당시 중국은 청나라가 지배하고 있었습니다. 조선은 병자호란으로 청나라에게 무릎을 꿇은 아픈 기억이 있었지요. 이러한 상처에서 벗어나기 위해 우리 조상들은 정통 중화 문화의 유일한 계승자는 오랑캐인 만주족이 주인인 청나라가 아니라 조선이라고 생각했어요. 그러면서 우리 문화를 발달시키려는 노력을 하게 되었습니다. 이런 분위기 속에서 조선의 예술가들도 우리 문화에 대한 긍지와 자부심을 갖기 시작했던 것입니다.

김홍도의 그림은 이러한 여러 사회 분위기에 큰 영향을 받았어요. 어떤 예술 작품이건 작가 혼자서만

> **병자호란** 1636년(인조 14년)에 청나라가 침입한 사건. 청나라가 신하의 나라가 될 것을 요구했으나 이를 거부하자, 청나라 태종이 20만 대군을 거느리고 침략함. 인조는 지금의 송파구 지역인 삼전도에서 항복하고 청나라에게 신하의 나라가 되기로 조약을 맺음.

창조해 낼 수는 없답니다. 작가의 천재성과 시대의 예술적 분위기가 맞아떨어져야 위대한 작품이 탄생하는 것이지요.

이렇게 보자면 대체적으로 18세기의 조선은 태평성대라고 할 수 있어요. 농사 기술이 발전해 수확량도 많이 늘었고, 담배나 인삼 등의 작물을 대규모로 재배해 많은 돈을 벌어들이는 상인도 생겨나고 있었고요. 더 이상 전쟁도 없고 나라 살림도 넉넉해 평화로운 기운이 가득했습니다. 당시 우리 문화가 가진 자신감과 여유는 김홍도를 맞이할 준비를 모두 끝마치고 있었던 셈입니다.

여러분도 김홍도의 삶을 맞이할 준비가 되었나요? 이제부터는 18세기 조선에 대한 배경 지식을 바탕으로 직접 김홍도의 발자취를 따라가 보도록 하겠습니다. 그 첫 장면은 누구보다 김홍도를 아끼고 사랑했던 정조가 신하들과 이야기를 나누고 있는 궁궐에서 시작합니다.

생각쟁이 열린 마당

조선 시대 화가들의 지위

중인 신분이던 화원은 대를 이어 그림을 그리는 사람이 많았고, 자식들을 서로 혼인시키는 경우가 많았다. 이를 통해 우리는 당시의 중인 계급, 그 중에서도 특히 기술에 관계된 일을 하던 사람들이 서로간에 신분적 유대감과 결속력이 강했다는 것을 알 수 있다. 또 한편으로는 화원의 신분 이동이 그만큼 어려웠음을 짐작할 수 있다.

양반과 상민의 구분이 엄격하다 보니 아무리 실력이 뛰어나더라도 양반 계층과 혼인을 할 수 없었고, 그렇다고 상민 계층과 혼인을 한다는 것은 중인 계급으로서는 신분 하락을 의미했으니 자연히 같은 중인 계층끼리 맺어지는 경우가 많았던 것이다.

김홍도가 그림을 그릴 당시 도화서에서 일하는 사람은 30명이었는데, 나라에서 주는 녹봉(월급)을 받는 사람은 10명 정도밖에 되지 않아 가족들을 제대로 부양하지 못하는 화원이 많았다. 도화서에 속해 일을 하더라도 재주가 뛰어나지 않으면 월급도 받지 못했던 것이다.

게다가 별것 아닌 일로도 내쫓기는 화원들도 있었다. 화원들을 관리하던 예조 당상관에게 잘못 보이면 하루아침에 직장을 잃어야 했던 것이다. 양반 관료들에 비하면 화원들은 파리 목숨에 불과했던 셈이다.

　따라서 정조가 처음 시행한 규장각의 '자비대령화원'은 왕이 직접 화원을 관리한다는 측면에서 획기적인 사선이었다. 비록 소수의 화원을 뽑아 우대하는 것이고 왕의 통치 기반을 다지기 위한 것이기는 했지만, 이는 비로소 예술가를 우대하기 시작했다는 증거라고 할 수 있다.

　이러한 궁중 화원의 출현은 조선 후기 미술 풍토에 매우 큰 변화를 가지고 왔다. 이때를 전후해 김홍도와 같은 훌륭한 화원이 나타났고, 뛰어난 화원들의 활동이 왕성하게 펼쳐졌던 것이다. 자비대령화원은 조선 말기 고종 때까지 약 100년간 지속되었다.

임금의
직속 화가가 되다

정조의 마음을 빼앗은 김홍도

"자, 이제부터 경들의 감상을 말해 보라."

1791년 9월 22일, 서둘러 찾아온 가을빛이 노랗고 붉은 물감을 풀어 놓은 듯 온 산과 들을 물들이고 있었어요. 궁궐 안의 서향각에서는 어진 품평회가 열리고 있었답니다.

임금의 초상을 그린 그림을 어진 또는 어용이라고 해요. 사진 기술이 발달하지 않았던 당시에는 임금의 초상화를 그려 남기는 일이 국가적으로 매우 중대한 일 가운데 하나였답니다. 조상에게 덕을 기원하고 제사를 지내기 위해서는 초상화가 꼭 필요했으니 임금의 초상화야 더 말할 필요가 없었겠지요.

이날은 일차로 완성된 어진 초본 석 점을 죽 걸어 놓고 대신들의 의견을 들은 다음, 앞으로 그림을 어떤 식으로 그려 나갈 것인지 결정하는 날이었습니다. 이렇게 임금과 신하들이 모여 갖는 회의를 어진 품평회라고 합니다.

신하들 앞에 걸린 어진 석 점 중 한가운데에 위치한 그림은 옷을 제대로 갖추어 입은 모습을 그려 족자로 표구를 한 것이었습니다. 그리고 양쪽에 있는 나머지 그림 두 점은 가벼운 옷차림을 한 모습을 기름종이에 그린 것이었습니다.

먼저 입을 뗀 사람은 좌의정 채제공이었습니다.

"신의 의견으로는 족자본보다는 그 오른쪽의 그림이 낫사옵니다. 족자본은 다만 옷차림이 익숙하여 괜찮아 보일 뿐, 오른쪽이 기름종이본이 더 훌륭합니다."

정조는 흡족한 미소를 지으며 고개를 끄덕였습니다.

"나 또한 그러하다. 오른쪽의 기름종이본은 밑그림을 십여 차례나 그린 뒤 얻은 본이요, 족자본 왼쪽의 그림은 경들에게 보이기 위해 오늘 아침 대강 그린 것으로 내 마음에 들지 않구나."

다음으로 말을 꺼낸 사람은 홍낙성이었습니다.

족자 그림이나 글씨를 벽에 걸거나 말아 둘 수 있도록 양 끝에 나무 막대기를 대고, 그림의 뒷면이나 테두리에 족이나 쳐을 바른 물건.

채제공(1720~1799) 영조·정조 대의 남인파 지도자. 영조가 사도 세자를 폐위하라는 명령을 내리자 죽음을 무릅쓰고 긴의해 사도 세자의 폐위를 막았음.

"신의 생각으로는 가운데 족자본이 제일 낫습니다. 하지만 얼굴 부분에 지나치게 흰빛을 쓴 것은 좋지 않은 것 같습니다. 조금만 더 색을 생생하게 한다면 부족함이 없을 줄로 아뢰옵니다."

뒤를 이어 여러 신하가 각각 자신의 뜻을 밝혔어요. 모두 족자본과 오른편의 기름종이본으로 갈려서 어느 것이 좋은지 결정하기가 쉽지 않았지요.

정조는 대신들의 의견을 듣고 있다가 침착한 목소리로 말을 꺼냈습니다.

"내 뜻은 채제공과 같으니 오른쪽 기름종이본이 족자본보다 낫다. 그러나 여러 신하의 뜻이 제각각이니 이명기와 김홍도의 견해를 들어 봄이 어떠하겠는가?"

정조는 친히 의자에서 일어나 이명기와 김홍도 앞에 섰습니다.

"너희는 어떻게 생각하는가?"

이명기와 김홍도는 정조의 어진 작업에 참여한 화원이었습니다.

"소신의 생각으로는 오른쪽의 기름종이본이 더 좋습니다."

먼저 주관 화사였던 이명기가 말했습니다.

다음으로 지금까지 모든 이야기를 듣고 있던 김홍도가 천천히 입을 열었습니다.

"신의 뜻으로는 오히려 왼쪽의 그림과 가운데 족자

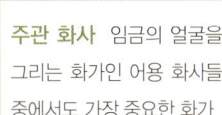

주관 화사 임금의 얼굴을 그리는 화가인 어용 화사들 중에서도 가장 중요한 화가.

본을 서로 반반씩 섞어 그리는 것이 좋을 듯하옵니다."

그러자 여기저기서 웅성거리는 소리가 들렸습니다. 이미 정조에게서 나쁜 평가를 받아 품평회에 참가한 어느 누구도 눈여겨보지 않았던 왼쪽의 그림을 김홍도가 언급한 것이 놀라운 일이었기 때문이지요.

이명기를 비롯한 모든 대신이 숨을 죽이며 임금의 기색을 살필 따름이었습니다. 당장이라도 불호령이 떨어질 것만 같은 분위기였어요. 하지만 정조는 김홍도를 믿고 있다는 듯 너그러운 미소를 지으며 물었습니다.

"그래, 김홍도는 왼쪽의 그림이 어째서 마음에 드는가?"

김홍도는 조금의 망설임도 없이 대답했습니다.

"오른쪽의 그림은 비록 여러 번의 밑그림을 그려 얻었다 하나 붓질이 무겁고 생기가 없습니다. 하지만 왼쪽의 그림은 꼼꼼하지는 않으나 붓이 닿은 곳마다 힘찬 기운이 느껴져 그림이 살아서 움직이는 듯하옵니다."

정조와 채제공, 그리고 이명기는 오른쪽의 기름종이본이 좋다고 했고, 대부분의 신하가 족자본에 더 색칠을 하여 쓰는 것이 낫다고 하는 상황이었습니다.

여러분은 어떻게 생각하세요? 김홍도는 정말로 그림을 잘못 보고 혼자서만 다른 의견을 주장한 것일까요? 차라리 김홍도가 여러 사람의 의견에 따라 자신의 생각을 감추고 말하는 것이 좋지 않았을까요?

이 사건은 궁궐 내에서 김홍도가 차지한 위치가 어느 정도인지를 알게 해 주는 일화일 수 있습니다.

당시의 그림들이 지금까지 남아 있지 않아 정확한 사정은 알 수 없지만, 하늘 같은 임금의 견해에 반대해 자신의 뜻을 밝힐 수 있다는 것은 김홍도가 정조의 든든한 믿음을 얻고 있었다는 사실을 말해 주는 것이지요.

또한 김홍도가 자신의 그림 실력에 자신감을 갖고 있었다는 것을 알게 해 줍니다. 그런 자신감이 없고서는 임금과 쟁쟁한 대신들 앞에서 일개 중인 신분의 화원이 자신의 주장을 당당히 펼칠 수 없었을 테니까요.

"그래, 김홍도의 말에도 일리가 있다."

정조는 김홍도를 보며 고개를 끄덕였습니다.

"그러나 많은 신하가 족자본에 뜻을 두고 있으니, 이를 바탕으로 초상을 완성하라. 조속한 시일 내에 색을 칠하고 표구를 하여 내달 초이틀까지 완성하는 것이 좋겠다."

정조는 크게 웃으며 말했습니다.

9시 출근, 6시에 퇴근하는 화가?

임금의 초상화를 그리는 화가를 어용 화사라고 해요. 어용 화사는 조선에서 제일가는 화가들로, 당시 화가들에게는 최고로 명예로운 것이었습니다. 어용 화사로 한 번만 참가해도 화가로서의 실력과 이름을 인정받아 전국 각지에서 몰려드는 그림 청탁이 넘쳐 날 정도였으니까요. 지금으로 치자면 화가로서 큰 영광인 '국전'에서 1등을 하는 것이나 다를 바가 없었지요.

그런데 당시 김홍도는 이미 두 번이나 어용 화사로 참여한 경력이 있었어요. 1773년 스물아홉 살이라는 젊은 나이에 이미 정조의 할아버지였던 영조의 어진과 왕세자였던 정조의 초상 작업에 참여했고, 1781년 서른일곱 살에는 다시 정조의 어진 작업에 참여했던 것입니다.

한 번도 하기 힘든 어용 화사를 세 번이나 했을 정도니 김홍도의 실력이 어느 정도였는지는 짐작할 수 있겠지요? 세 번 모두 직책은 '동참 화사'였습니다. 가장 중요한 화가를 '주관 화사'라고 불렀으며, 그다음으로 중요한 화가를 '동참 화사'라고 불렀습니다.

그런데 어째서 김홍도처럼 뛰어난 실력을 가진 화가가 주관 화사를 할 수 없었을까요? 그것은 김홍도의 독창적인 화풍과 관련이 있

> **국전** '대한민국 미술 전람회'를 줄여서 부르는 말임. 1949년부터 해마다 봄과 가을에 열림. 신인 미술가를 발굴하기 위해 서예, 공예, 한국화, 조각, 서양화 부문으로 나누어 각각 한 점씩 뽑는 전시회.

답니다. 임금의 초상은 세밀하고 정교한 붓놀림을 중요시했어요. 무엇보다 임금의 모습을 있는 그대로 정확하게 그려야 했기 때문이지요. 따라서 자유롭고 독창적인 그림을 좋아하는 김홍도에게는 동참화사의 역할이 맡겨졌던 거랍니다.

그렇다면 당시 조선에서 그림을 그리는 사람들은 어떤 사람이었을까요? 두 종류로 나눌 수 있습니다. 먼저 양반이지만 일종의 취미로 그림을 그리는 사람들이 있었습니다. 또 직업적으로 그림을 그리는 화가들이 있었습니다. 이들을 화원이라고 불렀지요.

화원은 오늘날의 공무원과 같은데, 이들은 그림에 관한 일을 맡아 보던 도화서라는 기관에 속해 있었어요. 화원들은 도화서에서 국가의 명령에 따라 필요한 그림을 그려야 했습니다. 그리고 나머지 시간에는 일반 사람들의 부탁을 받아 그림을 그려 주었어요. 그러니까 화원들은 국가에서 요구하는 그림도 그리고 자기 그림도 그리는 등 매우 바쁘게 일하는 사람들이었지요. 이들은 따로 시간을 내 자신의 그림 실력을 쌓기 위해서도 열심히 노력했습니다.

하지만 화가들의 지위는 매우 낮았어요. 같은 중인 계급이지만 의관이나 역관보다도 낮은 대접을 받았습니다. 또한 도화서에 속해 있어도 수시로 시험을 치러 등수 안에 드는 사람만이 녹봉을 받을 수가 있었어요. 이는 모두 조선 사회가 그림 그리는 기술을 천하게 여겼기 때문입니다.

하지만 역대 어느 임금보다도 예술적 안목이 뛰어났던 정조는 도화서에 속한 화가 30명 가운데에서도 특히 아끼는 10명을 선발해 특별한 대우를 했는데, 김홍도는 여기에서도 특별히 대우받는 화원이었습니다. 수시로 임금의 명을 받들어 그림을 그리는 '대조 화원', 즉 임금의 직속 화가였던 것입니다.

김홍도가 얼마나 정조의 사랑을 받았는지 알려 주는 또 하나의 일화가 있어요.

김홍도가 정조의 명을 받아 그림을 그리고 돌아온 어느 날이었습니다. 김홍도는 친한 벗들과 함께 단풍놀이를 즐기고 있었습니다. 색색으로 물든 단풍과 향기로운 술에 취해 모두들 기분 좋은 시간을 보내고 있었어요.

"김홍도 있느냐?"

김홍도는 자기를 찾는 목소리에 산길 쪽을 내다보았습니다. 정조의 특명을 받고 찾아온 관리였습니다.

"주상께서 친히 너에게 술과 고기를 내리셨다."

김홍도는 깜짝 놀랐습니다. 함께 있던 벗들이 기뻐하면서 술과 고기를 받았습니다. 정조는 김홍도가 단풍놀이를 한다는 소식을 듣고 직접 지시를 내려 김홍도를 격려한 것이지요. 김홍도는 이렇듯 정조의 마음을 빼앗은 화가였답니다.

김홍도는 그림에 솜씨 있는 자로서 그 이름을 안 지가 오래되었다. 30년쯤 전에 나의 초상을 그렸는데, 이로부터 그림에 관한 모든 일은 모두 홍도를 시켜 주관케 하였다.

정조는 《홍재전서》라는 개인 문집을 엮으면서 참으로 이례적으로 김홍도의 이름을 직접 썼습니다.

임금이 직접 이름 석 자를 기억하고 이를 기록으로 남긴다는 것은 양반도 아닌 중인 계급의 화원에게는 엄청난 영광이었습니다. '한 시대를 울린 화가'라고 평가받는 김홍도는 이미 당대에 커다란 명성을 얻은 조선의 대표 화가였던 것입니다.

《홍재전서》 정조 23년인 1799년에 규장각에서 정조의 시와 글을 모아 엮은 전집. 184권 100책으로 되어 있음.

생각쟁이 열린마당

예술가와 패트론

　김홍도는 뛰어난 재능으로 조선 후기를 대표하는 화가로 자리매김할 수 있었다. 하지만 그를 후원했던 정조와 강세황이 없었다면 과연 재능만으로 모든 사람의 입에 오르내리는 뛰어난 화가가 될 수 있었을까? 예술가와 패트론(또는 파트롱)의 관계를 통해 이에 대한 답을 찾을 수 있다.

　패트론은 중세 때 생긴 말로, 예술 활동에 대한 후원자 또는 보호자를 뜻한다. 이들은 뛰어난 감식안으로 가난한 예술가를 발굴하고 그들에게 경제적인 지원을 해 주는 등 창작의 터전을 마련해 주는 사람들이었다. 그래서 중세의 예술가는 자신에게 재정적 후원을 해 주는 왕이나 귀족과 같은 특정 패트론을 위해 예술품을 만들었다.

　하지만 근대 산업 사회가 시작되면서 신분 제도의 변화와 함께 패트론은 사라지고, 예술가들은 작품을 팔아서 생활을 유지해야 하는 시대를 맞게 되었다. 그렇다면 과연 패트론이 완전히 사라진 것일까? 적어도 미술 분야에서는 아직도 패트론이 남아 있다고 할 수 있다. 개인뿐만 아니라 기업,

재단 등으로 패트론의 범위도 더 넓어졌다.

　입체파의 대가인 피카소에게는 그를 후원하는 칠레 최고의 명문가 출신인 에라수리스라는 여인이 있었다. '예술가의 뮤즈'로 불린 에라수리스는 일찍이 피카소의 천재성을 알아보고 영향력 있는 사람들에게 피카소를 적극 추천하면서 경제적 뒷바라지도 아끼지 않았다. 이를 통해 피카소는 미술계에서 가장 주목받는 화가로 성장할 수 있었다.

　이처럼 불후의 명작을 남긴 예술가 뒤에는 아낌없는 지원을 쏟아 부은 패트론이 있었다. 그러나 패트론의 입김이 너무 거세 예술가의 독립성과 창조성을 해치는 경우도 종종 있었다. 자신의 독창적인 생각을 펼치기보다는 패트론의 입맛에 맞는 작품만을 그려 내기도 한 것이다. 따라서 예술가와 패트론의 관계에는 언제나 창조적인 긴장감이 필요하다.

평생의 스승이자 친구인
강세황을 만나다

원숭이를 닮았으니 원숭이처럼 그린 게지

김홍도에게는 정조 임금과 견줄 만한 훌륭한 후원자가 한 사람 더 있었답니다. 바로 강세황이었지요. 강세황은 김홍도가 어렸을 때부터 그림을 가르쳐 준 스승으로, 나중에는 평생의 친구가 된 사람입니다.

"스승님, 이 자화상 말입니다……."

어느 맑은 봄날이었습니다. 강세황이 그린 자화상을 보고 있던 김홍도가 물었습니다.

"그래, 그것이 왜?"

"감히 이런 말씀 드리기가 죄송스러우나, 그림이 좀 잘못된 게 아닌가 싶습니다. 오사모*에 야복*이라니요. 오사모는 벼슬을 한 사람들 복장 아닙니까?"
"허허, 개발에 편자*라, 그 말씀이신가?"
"스승님도 참, 그런 말씀이 아니고요."
"내 얼굴이 원숭이상 아닌가. 그래서 자꾸 딴생각이 났단 말일세. 여기에 오사모를 쓰면 좀 멋있어 보이려나, 좀 사람다워 보이려나 해서 이렇게 그려 보았네. 제법 벼슬아치 분위기가 나지 않는가? 허허허, 사실은 나 혼자 재미있어서 그려 봤네."

오사모 고려 말에서 조선 시대에 걸쳐 벼슬아치들이 관복을 입을 때에 쓰던 검은 빛깔의 모자.
야복 관리가 아닌 사람이 입는 옷.
편자 말굽에 대어 붙이는 'U' 자 모양의 쇳조각. 서로 전혀 조화를 이루지 못하는 것을 빗대어 '개발에 편자'라고 표현함.

"못 당하겠습니다. 스승님의 그 익살을 누가 따라가겠습니까? 하하하."
"생각 있으면 언제든지 말하게. 자네 초상도 내 기꺼이 그려 줌세."
강세황은 아버지가 예조 판서까지 지낸 명문가의 아들로, 당대 최고의 서예가이자 화가였으며 대학자였답니다. 하지만 무엇보다도 최고의 예술 평론가라 일컬을 만한 실력을 가진 사람이었어요. 그림을 보면 그 수준을 금방 평가할 수 있을 정도였고, 그의 추천이 있으면 누구든지 의심하지 않고 그림을 살 정도였으니까요. 그래서 정조의 어진 작업을 할 때 강세황이 직접 그림을 그리지는 않았지만 작업 진행을 감독하면서 화원들의 부족한 점을 일깨워 주고 도움말을 주기도 했답니다.

　강세황은 예순 살이 넘을 때까지 벼슬을 하지 않고 홀로 학문을 닦고 그림을 그리며 살았습니다. 이런 강세황이 가장 아끼는 제자가 바로 김홍도였습니다.

　김홍도는 일고여덟 살 때부터 강세황에게서 그림을 배웠습니다. 두 사람은 서른세 살이라는 나이 차가 났지만, 김홍도가 성인이 된 뒤에는 마치 친한 친구처럼 지냈습니다. 강세황이 천성적으로 낙천적이고 유머가 풍부한 사람이었기에 가능한 일이었지요.

호랑이가 뛰쳐나올 것 같은 그림

　강세황은 김홍도가 그린 모든 그림을 좋아했고, 김홍도의 그림에 자주 글을 적어 주기도 했습니다. 이렇게 그림에 적는 글을 화제라고 합니다.

　스승과 제자는 때로 나란히 마주 앉아 그림을 그리기도 했어요.

　"이보게, 오늘은 우리 함께 그림을 그려 볼까?"

　"아니, 스승님. 어찌 제가 감히 스승님과 나란히 붓을 들 수 있겠습니까?"

> **화제** 그림의 이름 또는 제목을 의미하지만, 그림 위에 쓰는 시를 가리키기도 함.

"괜찮네, 괜찮아. 우리 둘은 이제 허물없는 친구 사이가 아닌가?"

이렇게 말하면서 강세황은 비단, 붓과 먹, 그리고 물감을 준비했습니다.

"《주역》에 따르면, 세상에 덕을 펼치는 큰사람을 대인이라 하였는데……."

"대인이라면 조선의 호랑이 외에 무엇이 더 있겠습니까?"

"역시, 자네와는 이렇게 말이 잘 통하는구먼. 호랑이를 오늘의 그림 소재로 하세나."

"예, 스승님. 감히 다른 뜻이 있겠습니까. 그런데 작품의 평가는 누구에게 맡길까요?"

"이왕 시작했으니 좋고 나쁨을 가려야 한다는 말인가? 이거 정신 바싹 차려야겠구먼, 허허허. 심판이라면 왜 거기 자네 등 뒤에 와 계시지 않은가?"

김홍도가 뒤를 돌아보니 강세황의 손자 강이천이 아장아장 걸음을 떼며 흥미로운 표정을 짓고 있었어요. 김홍도는 알았다는 듯 스승에게 미소를 지어 보였습니다.

"자, 그럼 시작할까?"

"예, 스승님."

소매를 걷어붙이고 두 사람 모두 온 힘을 다해 그림을 그리기 시작

했어요. 한동안 머리카락보다 가는 미세한 선을 그리는 붓질이 계속되었습니다.

한 치의 흐트러짐도 없이 계속되는 붓질 속에서 차츰 활처럼 구부러진 등짝, 너풀거리는 꼬리, 금방이라도 꿈틀댈 것 같은 눈썹이 탄생하고 있었습니다.

마지막으로 번쩍이는 눈을 그릴 때까지 두 사람은 땀을 훔쳐 가며 그림 그리기에 몰두했습니다. 그리고 얼마 후, 눈앞에는 슬금슬금 걸어가다가 무언가 기척을 느끼고 홱 돌아선 듯한 조선 호랑이의 당당한 모습이 드러났어요!

"아앙! 무서워!"

갑자기 강세황의 손자 강이천이 울음을 터뜨렸습니다. 이천의 눈앞에 비단 화폭에서 뛰쳐나올 것만 같은 두 마리의 호랑이가 서 있던 것입니다.

김홍도가 이천을 품에 안아 달래며 말했지요.

"오늘은 여기까지 해야겠구나. 아무래도 승패를 가르기가 어려울 듯하니 오늘은 스승님이 술 한잔 주셔야겠는데, 이천이 네 생각은 어떠냐? 할아버지께 말씀 드려 볼 터이냐? 네 몫으로는 조청을 묻힌 한과를 달래자꾸나."

"그래, 자네 말이 맞네. 더 그렸다간 동네 개는 물론이고 우리 이

〈송하맹호도〉 김홍도가 그린 그림으로, 소나무 아래의 호랑이 모습이 매우 인상적이다.

천이까지 도망가게 생겼네, 허 허허."

아쉽게도 이때 그린 그림은 남아 있지 않습니다. 하지만 김홍도가 그린 〈송하맹호도〉가 남아 있어서 세계 최고의 호랑이 그림을 그린 그의 실력을 우리 두 눈으로 확인할 수 있습니다. 〈송하맹호도〉는 '소나무 아래 용맹스런 호랑이 그림'이라는 뜻입니다.

이 밖에도 대나무와 호랑이를 그린 〈죽호도〉가 있는데, 이는 〈송하맹호도〉와는 정반대 방향으로 몸을 구부린 호랑이 그림이랍니다. 〈죽호도〉 역시 〈송하맹호도〉만큼이나 김홍도의 대표작으로 널리 알려져 있답니다.

나를 알아주는 스승이 있기에

그 뒤로도 강세황과 김홍도의 우정은 계속되었습니다. 강세황과 김홍도는 궁궐의 과일나무와 채소 따위를 심어 가꾸는 뒤란이나 밭에 관한 일을 맡아보던 사포서에서 일하기도 했어요. 김홍도는 영조의 초상화를 그린 공을 인정받아 사포서 별제라는 벼슬을 하고 있었답니다. 그런데 강세황이 예순두 살이라는 늦은 나이에 노인 과거에 급제해 사포서에서 일을 하게 된 것이었지요.

두 사람이 궁궐 안에서 같이 일을 하게 되어 얼마나 기뻐했을지 짐작이 가지요? 아니나 다를까, 김홍도는 매일같이 스승을 찾아갔답니다.

"스승님, 밤새 별일 없으셨습니까?"

"이 사람, 이렇게 아침마다 들를 필요 없다니까."

"아닙니다, 스승님. 바다 건너 계신 것도 아니고, 이렇게 가까이 모시고 있는데 제가 왜 이런 좋은 기회를 놓치겠습니까?"

"허허, 내 자네처럼 예의가 바른 사람은 처음일세."

"아닙니다. 그저 인사 올리는 것으로 이리 칭찬을 하시면 얼굴을 들고 있기가 부끄럽습니다. 그나저나, 일하는 데 어려움은 없으신지요?"

"자네가 이리 정성껏 보살펴 주니 이 늙은이가 무슨 걱정이 있겠는가? 고맙고 고마울 따름이네."

김홍도는 스승의 일을 도맡아 했습니다. 그러면서 늘 연로하신 스승에게 불편함이 없는지 살폈지요. 스승과 허물없는 사이였다고는 하나, 김홍도는 더욱 공손히 예를 다하고 제자의 도리를 다했던 것입니다. 강세황은 이런 김홍도를 더욱 아끼고 사랑할 수밖에 없었지요.

강세황은 김홍도에 관한 많은 기록을 남겼는데, 그 가운데에서도 다음의 기록은 강세황이 김홍도를 얼마나 높이 평가했는지를 알게 해 줍니다.

> 고금의 화가가 각기 한 가지 정도의 재주는 있다. 그러나 김홍도처럼 인물, 산수, 신선 및 불교 그림, 꽃과 과실나무, 새와 벌레, 물고기, 풍속 등 모든 그림이 뛰어난 경우는 없다. 대개 그림이라는 것이 모두 전해 오는 작품을 따라 배우고 노력을 다해야 비로소 비슷해지는 것인데, 실제로 보이는 사물을 이렇게 실감 나게 그려 이렇듯 독창적인 경지에 이른 이는 우리나라 400년 역사상 김홍도 외에는 없었다.

이처럼 극진한 사랑을 베풀어 주는 사람이 옆에 있다는 것은 얼마나 기분 좋은 일일까요?

이쯤에서 이런 생각을 해 봅니다. 좋은 그림은 어떻게 탄생하는 것일까? 물론 작가가 지닌 천부적인 재능에서 나오겠지요. 하지만 김홍도와 강세황을 보면 그것이 전부는 아니라는 생각이 듭니다. 화가의 재능을 이해하고 격려해 줄 수 있는 사람이 있어야 더욱 좋은 그림이 탄생하는 것입니다.
 강세황은 가장 가까운 곳에서 김홍도를 격려하고 비판함으로써 김홍도가 뛰어난 그림을 그릴 수 있도록 힘이 되어 준 가장 소중한 스승이자 친구였습니다.

생각쟁이 열린 마당

조선 시대 **초상화**와 오늘날 **'셀카'**의 **차이**

　2006년 9월 문화재청은 조선 시대 인물 초상화 19점을 국가 지정 문화재(보물)로 지정했다고 밝혔다. 이들 초상화에는 1861년에 그려진 철종의 어진, 조선을 대표하는 암행어사 박문수, 정조 때의 명재상 채제공의 초상 등이 포함되어 있다.

　이처럼 조선 시대에는 자기 얼굴을 남기고 싶으면 화원을 불러 초상화를 그리도록 했다. 하지만 오늘날은 화원을 부를 필요가 없다. 사진기 하나면 충분하기 때문이다.

　그뿐 아니다. 이제는 자기 마음대로 사진을 수정할 수도 있게 되었다. 포토샵이라는 프로그램만 있으면 얼굴 가득한 주름은 물론 여드름 자국도 쉽게 지울 수 있고, 약간 휜 코뼈도 바로잡을 수 있다.

　실제로는 어두운 피부색도 환하게 바꿀 수 있으니 지하철 대형 광고판에 걸려 있는 연예인들의 사진을 보면서 부러워할 필요가 없다. 누구나 자기 집에 있는 컴퓨터를 이용해서 자기 마음대로 자기 사진을 수정할 수 있으니까.

그렇다면 조선 시대에 초상화는 어떻게 그렸을까? 그림을 그릴 때, 지금의 사진처럼 수정을 할 수 있었을까? 화원이 그리는 그림이니까 어쩌면 사진보다 더 쉽게 얼굴을 변형시키지 않았을까?

조선 시대에는 성리학이 널리 보급되면서 서원이나 사당이 지역별로 늘

어나게 되었다. 그래서 이곳에 모셔 놓을 인물들의 초상화가 많이 제작되기 시작했다. 당시 이름 있는 사대부라면 누구나 자신의 초상화에 관심을 가지고 이름 있는 화원을 동원해 초상화를 그리게 했던 것이다.

그런데 실제로 당시의 초상화는 실물을 똑같이 그리는 것이 원칙이었다. 사시나 딸기코도 있는 그대로 표현했다. 그래서 강세황도 자화상을 그릴 때 원숭이를 닮은 자기 얼굴을 부끄러워하지 않고 생긴 그대로 그렸던 것이다.

조금이라도 더 멋있게 보이고 싶은 것이 사람의 마음일 텐데 우리 조상들은 우리와는 생각이 이렇게 달랐다. 외모보다는 정신적인 것이 더 중요하다고 생각했기 때문이다.

지금의 우리가 사진을 찍을 때 좀 더 예쁘게 보이기 위해 노력하는 것과는 달리, 우리 조상들은 자신의 모습을 있는 그대로 남기기를 원했다. '얼짱 각도'로 찍는 '셀카'도 좋지만, 있는 그대로의 자신을 사랑하는 자세가 필요한 것은 아닐까?

신선과도
같은 사람

신선 그림을 그리다

사포서에서의 임무를 마치고 김홍도는 다시 그림을 그리기 시작했습니다. 아직 젊은 김홍도는 무엇이든 호기심을 갖고 관찰하는 것을 좋아했어요.

김홍도는 우리에게는 풍속화로 유명하지만, 젊은 시절에는 신선도로 더 유명했답니다. 신선도란 중국에서 들여온 것으로, 신선의 무리를 주제로 하여 그린 그림을 말해요. 구름을 타고 마음대로 하늘을 날아다니고, 불로초˚를 먹고 영원히 살고 싶은 마음을 '신선'이라는 상상의 인물을 통해 나타낸 것이지요. 따라서 신선도는 상상력이 풍부한 사람만이 그릴 수 있는 그림이었어요.

김홍도는 서른두 살이던 1776년, 여덟 폭 병풍에 신선도를 그리기로 했습니다. 여러 가지 책을 뒤지며 상상을 하던 김홍도는 문득 떠오르는 것을 놓치지 않았어요.

불로초 먹으면 늙지 않는다는 상상의 풀. 중국의 진시황이 많은 사람을 시켜 이것을 구하려고 했다는 이야기로 유명함.

반인반수 반은 사람의 몸이고 반은 동물의 몸인, 전설 속에 나오는 존재.

"그래! 서왕모의 생일잔치에 가는 신선들의 모습을 담아 보는 게 좋겠어! 생일잔치에 가는 장면이니까 활기차고 흥겨운 분위기가 나면 좋겠지?"

서왕모는 모습은 사람이지만 표범 꼬리에 호랑이의 이빨을 가진 상상 속의 신선입니다. 생각만 해도 섬뜩한 모습을 한 반인반수˙의 선녀지요.

김홍도는 계속해서 그림에 몰두했습니다. 하루는 친한 벗이 찾아와 김홍도의 그림을 보며 물었습니다.

"자네의 신선 그림이 놀라울 만큼 물이 올랐구먼. 게다가 이렇게 힘찬 필치로 신선의 옷자락을 표현하니까 아주 박력 있고 기운이 넘쳐 보이네. 좋네, 좋아. 중국의 신선들도 김홍도식으로 그려 내니 이렇게 달라지는구먼."

그는 김홍도의 그림을 한참 들여다보며 말을 계속했어요.

"자네는 그림을 그릴 때 언제나 전체적인 구도를 생각하면서 그리지 않나? 이번 그림은 세 부분으로 나누어 그렸는데, 특별한 이유라도 있나?"

김홍도는 그림을 손가락으로 가리키면서 말했습니다.

"그래, 잘 보았네. 어떤가, 맨 앞에 3명, 중간에 6명, 마지막에 10명을 배치하니까 느낌이 좀 다르지 않은가?"

"맞네. 뭐라고 할까, 악기를 연주하면서 흥겹게 앞으로 나아가기는 하는데, 빨리빨리 나아가지 못하는 분위기라고나 할까?"

"그렇지, 바로 그걸세. 뒤로 갈수록 사람 숫자가 많아지니까 행렬이 무겁고 느리게 나아가는 느낌이 드는 걸세."

"하하하, 그렇구먼. 그런데 바로 그 점 때문에 그림이 더 재미있어졌어. 그래서 맨 앞의 여자 신선 중 하나가 뒤를 돌아다보며 걱정스러운 눈빛을 하고 있겠다! 빨리 따라와야 하는데 신선들이 느려 터졌으니 말일세. 그런데 그 맘도 모르고, 맨 뒤의 이 신선 동자 좀 보게나. 소가 앞을 보고 어서 움직여야 할 텐데 신선 동자가 장난을 거는 탓에 고개를 오른쪽으로 돌리고 좀처럼 앞으로 나가지 못하는 것 같네, 하하하. 맨 뒤에 서 있는 이 신선은 또 어떻고. 술병을 들여다보며 도무지 서왕모의 생일잔치 같은 건 아무런 상관이 없다는 듯 서 있는 게 아닌가?"

그는 그림에 담긴 이야기가 재미있다는 듯이 웃었어요. 그리고 다시 물었습니다.

"게다가 이것 좀 보게나. 이렇게 많은 신선이 등장해도 그림에 여유가 넘치니 어찌 된 일인가?"

김홍도는 자신이 숨겨 놓은 보물을 친구가 잘 발견했다는 듯이 기뻐하며 대답했어요.

"사실은 이유가 있다네. 모두 왼쪽만 보면서 가는데, 맨 앞의 여자 신선이나 중간에 나귀를 뒤로 타고 가는 신선, 그리고 맨 뒤의 신선 동자처럼 오른쪽으로 시선을 분산시키는 인물들이 있으니까 그런 것이라네."

"아하! 역시 김홍도야. 그림이란 게 그 그림을 그린 화가를 닮는 법 아닌가? 이 신선 그림은 자네의 인품을 그대로 닮은 것 같네, 하하하."

벗의 말을 들은 김홍도는 조금은 부끄러운 듯이 웃음으로 대답했습니다.

이러한 김홍도의 신선도가 유명해지자, 정조는 명을 내려 궁궐의 큰 벽에 신선 그림을 그리도록 했습니다. 워낙에 신선도에는 자신이 있었던 김홍도라 왕의 명을 받아도 조금도 망설임이 없었어요.

김홍도는 하얗게 칠을 한 벽 앞에 섰지요.

'이 하얀 벽에 어떤 신선을 그리는 게 좋을까?'

고민은 오래가지 않았어요. 김홍도는 벽의 여기저기를 살펴보다 생각을 굳힌 듯 제일 큰 붓을 골라 들고 소리를 쳤습니다.

"여보시오, 시중을 드는 아이를 불러 먹물 그릇을 받쳐 들고 내 옆에 서라 하시오!"

김홍도는 거추장스러웠는지 웃옷을 벗었어요. 그러고는 소매를 걷은 뒤 아이가 받쳐 든 먹물 그릇에서 먹을 묻혀 그림을 그리기 시작했습니다.

자기가 하고 싶은 일을 하는 사람처럼 행복한 사람이 어디 있을까요? 그림을 그릴 때의 김홍도가 바로 그런 행복한 사람이었어요.

'물결치는 파도 위를 걸어가는 신선을 그려 보겠어. 한 사람 한 사람, 이 큰 벽을 가득 채울 정도로 힘찬 붓질을 해야지. 마치 파도를 즐기는 듯 희미하게 웃음을 띤 신선들이 바다 위를 가득 떠서 건너가는 거야. 신비롭게, 아름답게. 바다의 물결도 살아 움직이듯 생생해야겠지. 이 그림은 쉬지 않고 단숨에 그려야 해. 내가 가진 힘을 이 붓질 한 번에 모두 담아서 처음부터 끝까지 쉬지 않고 그려야 한다. 그래야 지금의 이 벅찬 느낌을 담아 낼 수 있을 거야. 조금만 더, 조금만 더…….'

시중 드는 아이는 자기 머리 위로 무엇인가 떨어지는 것을 느꼈어요. 나무판 위에 올라가서 그림을 그리는 김홍도가 흘리는 땀방울이었지요.

김홍도가 움직이는 대로 아이도 먹물 그릇을 들고 움직였습니다. 한 통을 다 쓰고, 다시 또 하나, 그리고 또 하나.

　조정의 관리들을 비롯해 내시들이 하나 둘 모여들기 시작했어요. 모두들 입을 다물 수가 없었습니다. 김홍도가 지나가는 곳마다 파도는 물방울을 튀고, 신선들은 가볍게 하늘로 떠서 날아갈 것처럼 생생하게 살아나고 있었기 때문이지요.

"참으로 대단한 솜씨로구먼."

"그러게나 말일세. 소문으로만 듣던 김홍도의 솜씨를 이렇게 눈앞에서 보게 되다니……. 그렇게 젊은 나이에 정조의 눈에 든 이유가 있었구먼."

　하지만 불행하게도 이때 그린 〈해상군선도〉는 현재 남아 있지 않답니다. 당시 김홍도가 여덟 폭 병풍에 그린 〈신선도〉를 비롯해 몇 점이 남아 있어 그의 솜씨를 엿볼 수 있지만요. 이런 그림들이 지금까지 잘 보존되어 있다면 얼마나 좋을까요.

학도 깜짝 놀란 대금 연주 실력

　열심히 그림을 그리던 김홍도는 서른아홉 살이던 1783년 겨울, 처음으로 높은 벼슬자리를 얻게 되었어요. 바로 경상도 안기 지방의 찰방*으로 부임하게 된 것이었지요.

안기는 국가 명령과 문서 전달을 도맡아 하는 역참이 열한 곳이나 되고, 역에서 일하는 관리가 1019명, 노비는 307명이나 되는 상당한 규모의 고을이었어요. 김홍도는 이들 역참과 관리, 역에 딸린 주민들을 다스리는 일을 맡았습니다. 찰방은 어진 작업에 참가한 공을 인정해 정조가 내린 벼슬이었습니다.

찰방 각 도에 설치되어 있던 교통·통신 기관인 역참을 관리하던 종6품의 벼슬. 중요한 문서를 전달하거나 나랏일을 위해 여행하는 사람에게 숙식을 제공하는 일을 했음.

이듬해 1월 안기 지방으로 내려간 김홍도는 맡은 일에 최선을 다했답니다.

"자네, 이번에 부임하신 찰방 어른 뵈었나?"

"아무렴, 소문으로 듣던 바와 꼭 같으시더군. 신선이 따로 없어."

"그러게 말일세. 키가 크고 팔다리가 긴 것이, 그렇게 우아하고 멋진 분은 내 처음일세."

"아, 그분 '자' 가운데 하나가 '사능(士能)'이라지 않은가."

"사능? 그건 어디에 쓰는 물건인고?"

"허허, 이 사람! 아무리 지방 역참의 하찮은 관리라 하여도 이렇게 무식하기로서니, 쯧쯧. '자고로 선비란 돈 몇 푼에 좌우되지 않고 변함없이 고고해야 한다'는 말 아닌가!"

"에헴, 그런가? 아무튼 그게 《논어》에 나오는 말이지?"

"저저, 큰일 날 소리, 《맹자》에 나오는 말 아닌가. 어디 가서 혹시라도 나랑 같은 역참에서 일한다고 떠들지 말게나."

'자'는 어른이 되었을 때 이를 기념하는 의미로 붙여 주는 제2의 이름이고, 호는 이름이나 자 외에 편하게 부를 수 있게 지은 별명을 말합니다. 보통 자는 친구나 윗사람이 부르는 경우가 많고, 호는 일반 백성들이 부릅니다.

김홍도는 사능 외에도 '함장(含章)'이라는 자를 썼답니다. 여기엔 '빛남을 자랑하지 않고 마음속에 품어 마음을 곧고 바르게 하다'라는 뜻이 담겨 있어요. 재주가 있다고 함부로 잘난 척하지 않고 더욱 겸손하며 몸가짐을 바르게 하여 임금의 뜻을 따르겠다는 것이지요.

또한 김홍도는 단원(檀園)이라는 호로 유명한데, 단원은 원래 중국 명나라의 화가 이유방의 호였다고 합니다. 이유방은 학식이 높고 인품도 훌륭한 화가였습니다. 김홍도는 그를 본받기 위해 단원이라는 호까지 따왔던 것입니다.

비록 중인 신분의 화원에 불과했지만, 김홍도는 그림 실력뿐만 아니라 인격과 학식을 갖추는 일에도 소홀히 하지 않았던 것이지요. 그래서 양반 사대부와 비교해도 부족함 없는 교양을 쌓을 수 있었답니다. 신선과도 같은 외모에 늘 겸손하고 자신을 낮출 줄 아니, 모든 사람이 그를 보고 감탄하는 것도 무리가 아니었습니다.

찰방의 일에도 익숙해지고, 모든 일이 잘 돌아가고 있다는 보고를 받은 김홍도는 인근 고을의 사또들과 풍류 모임을 갖게 되었어요.

이날은 경상도 관찰사˚ 이병모, 봉화 현감˚ 심공저, 영양 현감 김명진 등이 함께했습니다.

"김 찰방의 뛰어난 이름은 오래전부터 듣고 있었는데, 이렇게 직접 만나니 영광입니다."

"아닙니다. 불러 주시니 제가 오히려 감사합니다."

"산은 고요하고 달빛은 이리 밝은데, 오늘 김 찰방의 퉁소˚ 소리를 한번 청하여 들어 보는 것이 어떻겠습니까?"

심공저의 말에 김명진이 깜짝 놀라며 물었지요.

"아니, 김 찰방이 퉁소도 부실 줄 아오?"

"하하하, 김 찰방은 퉁소는 물론 거문고˚와 대금˚ 연주까지 기가 막히게 한다오. 퉁소 소리를 들으면, 김 현감이 놀라 뒤로 넘어가지 않을까 걱정스럽소."

심공저는 아마도 얼마 전 모임에서 있었던 김홍도의 이야기를 전해 들은 모양이었습니다.

김홍도가 이병모, 성대중, 홍신유 등과 풍류 모임을 가진 뒤 집으로 가기 위해 막 자리에서 일어날 때였

관찰사 조선 시대에 각 도의 으뜸 벼슬. 그 지방의 경찰권·사법권·징세권 따위의 행정상 절대적인 권한을 가진 종2품 벼슬.

현감 고려·조선 시대에 작은 고을의 으뜸 벼슬. '원님'이라고도 함. 지방 관리로서는 가장 낮은 관직임.

퉁소 굵고 오래 묵은 대나무에 구멍을 뚫어 세로로 잡고 부는 악기. 앞에 5개의 구멍이, 뒤에 1개의 구멍이 있음.

거문고 우리나라 현악기의 하나. 오동나무와 밤나무를 붙여 만든 장방형의 통 위에 명주실을 꼬아 만든 6개의 줄이 걸쳐 있음.

대금 우리나라의 전통적인 관악기 가운데 하나로, 대나무에 13개의 구멍을 뚫어 만듦.

습니다. 김홍도가 말에 오르자 갑자기 마당에 놓아기르던 학이 목을 빼고 울기 시작했던 것입니다. 당시에는 마당에 학을 놓아기르던 양반집이 있었답니다.

"아니, 저 학이 어째서 저렇게 서럽게 우는 것일까?"

성대중의 말에 홍신유가 대답했어요.

"글쎄요. 이상하게 김홍도의 곁에서 떠나질 않는군요."

김홍도는 조금 당황한 얼굴로 학을 피해 말을 움직였어요. 그런데 어느 순간 학이 말안장에 매달려 있던 김홍도의 거문고갑과 대금집을 부리로 툭툭 치는 게 아니겠어요? 그러자 주변에 있던 사람들이 탄식을 내뱉었어요.

"오호! 학도 김홍도의 거문고와 대금 소리에 감탄한 게로구먼. 그렇지 않다면 저리 서럽게 울며 김홍도가 가는 것을 막겠는가? 참으로 놀라운 일이야."

심공저는 바로 그때의 일을 전해 듣고 김홍도에게 퉁소 연주를 부탁한 것이었지요. 김홍도는 겸연쩍은 듯 미소를 지었어요. 그리고 품에서 퉁소를 꺼냈습니다.

곧이어 맑고 투명한 가락이 흘러나왔습니다. 일순간 모두들 조용해졌지요. 끊어질 듯 이어지고, 구슬프게 가락을 탔다가 시원한 냇물처럼 쏟아지는 퉁소 소리에 모두들 무릎을 치며 탄복했습니다. 마

치 신선이 학을 타고 피리를 불며 달밤의 계곡으로 내려오는 듯했습니다.

"오늘 이렇게 김 찰방의 통소 가락을 듣고 있으니 흥이 절로 납니다. 내 시 한 수 읊을 테니 여기 계신 여러분이 돌아가며 답하여 주시면 어떻겠소이까? 자, 시작해도 되겠소이까?"

모두들 고개를 끄덕이며 반갑게 이병모의 제안을 받아들였습니다.

우리의 옛 선비들은 흥이 나면 마치 돌림노래를 부르듯이 한 사람 한 사람 시를 지어 즐거움을 나누었답니다. 앞의 사람이 지은 시 구절을 듣고 다시 거기에서 떠오른 이미지를 연결시켜 시를 짓는 것이지요. 이병모는 바로 그러한 시 짓기를 제안한 것이었어요.

"갑진년 8월 17일이라, 감사 군수 현감 찰방 청량산의 저녁일세. 관찰사 이병모."

이렇게 해서 관찰사 이병모로부터 시작된 시는 심공저, 김명진 등을 거쳐 드디어 김홍도의 차례까지 왔습니다.

"구름과 병풍과 안개의 장막이 차례차례 드러나니, 어느 장인의 솜씨인가 아득한 열두 폭 그림."

모두들 고개를 끄덕이며 한밤의 계곡을 둘러싼 신비로운 분위기에 취해 갔습니다. 김홍도의 시 구절처럼 그날 밤의 계곡 풍경은 마치 열두 폭의 병풍을 펼쳐 놓은 듯 은은하고 아름다웠지요. 달빛에 둘러싸인 사람들의 웃음소리는 마치 음악처럼 들렸습니다. 참으로 흥겨운 웃음과 대화가 가득한 자리였습니다.

원래 우리 조상들은 그림에는 화가의 인격이 드러난다고 생각했습니다. 그래서 학식이 높은 사람이 그린 그림일수록 정신적인 고고함이 깃들어 있다고 여긴 것이지요.

그런 면에서 보자면 김홍도는 그림을 단순한 기술로만 보지 않고 마음과 인격이 담긴 예술로 생각했음을 알 수 있어요. 그래서 김홍도는 음악뿐 아니라 시에도 매우 능통한 솜씨를 지니게 되었던 것입니다. 화원의 신분으로 양반들과 함께 시를 주고받는다는 것은 웬만한 학문을 쌓지 않으면 어려운 일이었습니다.

쌀 마흔 가마니를 주고 매화 화분을 사다

단순히 그림을 그리고, 시를 지으며, 음악을 할 줄 안다고 해서 예술가라고 하지는 않습니다. 보통은 다른 사람과 다른 특이한 성격을 가진 사람을 보면 예술가적 기질이 있다고 말하는데, 그런 면에서 보자면 김홍도의 예술가적 기질이 드러나는 일화는 많지 않답니다. 하지만 다음 이야기는 김홍도의 예술가적 기질을 조금이나마 엿볼 수 있는 일화라 할 수 있습니다.

김홍도가 말년에 이르렀을 때입니다. 이때 김홍도는 집안 형편이 어려워 끼니도 제대로 잇지 못할 때가 많았어요. 어느 날, 김홍도는 갑자기 매화 화분이 생겼다면서 친구들을 불러 모임을 가졌습니다. 친구들 모두 김홍도의 집으로 모여들었지요.

"여보게, 홍도. 오늘 술이 정말로 맛있네. 이 맛을 그동안 어찌 잊고 살았나 싶네. 그런데 알고나 마셔야겠네. 이 술이 대체 어디서 난 겐가?"

"그러게나 말일세. 지금 자네 곳간이 텅 비어 생쥐도 배를 곯을 지경이라, 이 귀한 술을 살 처지가 아니시 않은가. 게다가 저 아름다운 매화 화분은 또 어찌 된 건가?"

그가 가리키는 곳에는 그윽한 자태를 자랑하는 멋들어진 매화 화분이 놓여 있었지요. 김홍도는 행복하다는 듯이 매화 화분에 눈길을 주고는 껄껄껄 웃으며 대답했어요.

"며칠 전의 일이라네. 저잣거리를 지나다 매화 화분을 하나 보아 둔 일이 있었네. 어찌나 고고하게 아름다운지 집에 와서도 잊혀지지가 않았다네. 자고 일어나도 어떻게 하면 매화 화분을 집 안에 들여놓을까 고민할 정도였으니까. 그런데 마침 오늘 아침에 누가 그림을 그려 달라며 돈 삼백 냥을 미리 보내지 않았겠는가. 하여 이백 냥으로 매화 화분을 사고, 팔십 냥으로 술을 사서 이렇게 자네들을 부른 거라네. 매화를 바라보며 자네들과 술을 들 수 있으니 참으로 흥겹네."

"아니, 그럼 나머지 스무 냥으로는 무엇을 했나?"

"아, 그동안 진 빚을 갚고 쌀과 땔감을 사 하루 끼니를 때웠지, 허허허. 하지만 걱정들 마시게. 화원이 풍류를 모르면 그게 어디 화원이던가. 살 방도는 또 생기겠지……. 아, 뭣들 하나, 어서 술잔을 드시게나."

당시 쌀 한 가마니가 다섯 냥 정도였으니 삼백 냥은 쌀 예순 가마니에 해당하는 큰돈이지요. 비록 김홍도가 말년에 어렵게 살았다고는 하지만 여전히 그림 하나의 가격이 그렇게 엄청났답니다.

그런데 김홍도는 이백 냥, 즉 쌀 마흔 가마니에 해당하는 돈을 주고 매화 화분을 샀고, 기쁜 마음에 술자리를 만들어 친구들을 부른 것입니다. 물론 가난한 집안 살림을 돌보지 않은 것은 어찌 보면 가장으로서 책임을 다하지 않은 것으로 보일 수도 있어요. 그러나 예술가로서 이만한 풍류를 즐길 줄 아는 것은 당시로서는 충분히 가능한 일이었답니다.

지금도 예술가들은 생활과 예술 사이에서 갈등을 겪기도 해요. 아직 세상의 인정을 받지 못한 예술가들은 자기가 원하는 작품을 창작하기 위해 어쩔 수 없이 다른 일을 해서 돈을 마련하기도 하지요. 하지만 예술을 위해 사는 그들이 있기에 우리는 감탄하면서 예술 작품을 만날 수 있는 거겠지요.

아무튼 이렇게 그림뿐만 아니라, 음악과 시를 잘하고, 풍류까지 즐길 줄 알았던 김홍도의 모습을 우리는 〈포의풍류도〉라는 작품에서 확인할 수 있어요. 이 그림에는 '종이 창에 흙벽을 바르고 이 몸이 다할 때까지 벼슬 없이 시를 읊조리겠다' 라는 뜻의 화제가 쓰여 있습니다.

어때요, 마치 김홍도의 마음을 담아 그린 것 같지 않은가요?

그림을 자세히 보면 한쪽으로 그림 그릴 때 필요한 두루마리가 있고, 악기와 술병이 보입니다. 옷자락 옆에는 감상용 도자기가 있고, 그 옆으로 시를 쓸 때 썼던 파초 잎이 한 장 놓여 있습니다.

악기를 연주하고 그림을 그리다 적적하면 시를 쓰고 도자기를 감상하며 술을 마시는 김홍도의 모습이 떠오르지요? 예술가로서 김홍도가 평생 추구한 꿈이 바로 이러한 생활이었는지도 모르겠습니다.

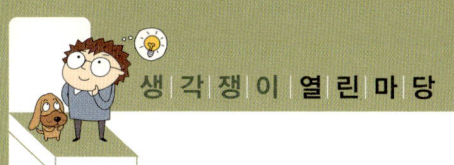

조선의 4대 화가

　조선의 4대 화가는 안견, 정선, 김홍도, 장승업이다.
　안견은 조선 전기의 최고 화가라고 할 만하다. 종6품이 한계였던 화원의 신분으로 정4품의 벼슬에까지 오른 것은 조선 건국 이래 처음 있는 일이었다. 이것은 김홍도에게 정조가 있었던 것처럼 안견에게는 안평 대군이라는 후원자가 있었기에 가능한 일이었다.
　안견은 안평 대군의 지도를 받으며 화가로서의 실력과 안목을 키웠으며, 중국 화풍의 영향을 받되 자신만의 독창적인 화풍을 발전시킬 수 있었다. 그의 그림 중에서 특히 〈몽유도원도〉가 유명한데, 이 안개 자욱한 무릉도원의 풍경은 아직까지도 많은 사람에게 그 아름다움을 뽐내고 있다.
　시기상 안견과 김홍도의 중간에 해당된다고 할 수 있는 정선은 양반 가문에서 태어난 것이 특이하다. 양반이지만 거의 몰락해 가는 집안이었기 때문에 오히려 신분 질서에 구애를 받지 않고 그림 그리는 일에 몰두할 수 있었다.

　어렸을 때부터 그림에 남다른 재능을 보인 정선은 산, 바위, 수목, 물 등의 특색을 살리기 위해 창의적인 필체를 구사했다. 실제 풍경 위주의 인상 깊은 경치를 화폭에 옮겨 한층 더 격조 높은 예술 작품으로 승화시킨 진경산수화는 정선이 남긴 가장 큰 업적이라 할 수 있다.

진경 산수화는 조선 후기 화단에 큰 영향을 끼쳤다. 그는 말년에 종2품 벼슬에까지 올랐고, 무너져 가던 가문을 일으킴과 동시에 큰 영화를 누리며 장수했다.

한편 장승업은 영화 〈취화선〉으로 우리에게 잘 알려진 인물이다. 배우 최민식이 장승업 역을 연기했는데, 술병을 들고 기와지붕 위에 올라가 찍은 포스터는 장승업의 생애를 잘 보여 주는 것이라 할 수 있다. 그는 술을 너무 좋아해 말년에 술을 먹지 않은 상태로 그림을 그리라는 고종의 명에 반발해 금강산으로 은둔해 버린 기인의 모습을 갖고 있는 화가였다.

장승업은 조선 화단의 마지막 대화가로서 어떤 화법에도 얽매이지 않으면서도 수많은 전통 양식을 절충해 독자적인 화풍을 완성시켰다. 세속적 부귀영화를 거부하고 오직 예술에 대한 열정을 불태운 그는 예술가의 한 전형이 되었다.

풍속화에 담긴 비밀

왼손과 오른손을 바꿔 그렸다고?

　김홍도의 작품 중 오늘날 우리에게 잘 알려진 것은 대부분 풍속화입니다. 김홍도의 풍속화는 교과서에 실릴 정도로 우리에게 유명하지요. 아마도 다른 옛 그림들과 섞어 놓아도 우리가 자신 있게 골라낼 수 있는 게 김홍도의 풍속화일 거예요.

　풍속화란 주로 평범한 백성의 생활 모습과 살림살이를 담은 그림을 말합니다. 풍속화는 가격이 싸서 많은 백성이 사서 볼 수 있었어요. 김홍도는 양반들에게만 그림을 그려 준 것이 아니라, 일반 백성들도 보고 즐길 수 있도록 많은 그림을 그렸습니다. 김홍도가 풍속화를 얼마나 잘 그렸는지 당시에도 '김홍도의 속화'라고 하면 모르는 이가 없을 정도였답니다.

"이보게, 오늘은 들어왔어?"

"발 없는 말이 천리를 간다더니, 어디서 소문을 듣고 아침부터 왔을까?"

"난 김홍도의 속화라고 하면 자다가도 벌떡 일어나 온 한양을 뒤집고 다닐 참이구먼."

"오늘은 댁이 일등일세. 운 좋은 줄 아쇼. 자, 김홍도의 화첩˙ 대령이오!"

점방 주인이 화첩을 내놓자, 갑자기 뒤에서 화첩을 낚아채는 손이 있었습니다.

"뭐요? 당신 누구요?"

땀을 흘리며 숨을 몰아쉬던 사내가 김홍도의 화첩을 들고 대답했습니다.

"헉헉, 내 이걸 손에 넣으려고 새벽닭 울기가 무섭게 남대문에서 이곳까지 걸어왔소."

"세상에, 아주 작심을 하고 서두른 게로군."

"지난번에도 이 화첩을 사려다 못 사서 내 단단히 마음먹고 온 것이오."

"아니, 여보쇼. 그래도 그건 내가 먼저 사려고 한 것이니 나한테

> **화첩** 비교적 작은 크기의 그림을 모아 책처럼 엮은 것. 여러 화가의 그림을 모아 만들거나 한 화가의 그림을 주제별로 엮기도 함.

풍속화에 담긴 비밀 **79**

넘기쇼. 찬물도 위아래가 있는 법인데, 사람이 법도를 알아야지……."

두 사람이 금방이라도 싸울 것 같은 기세를 보이자, 지켜보던 점방 주인이 너스레를 떨었습니다.

"아이고, 이 사람들아. 아직은 괜찮네. 댁들이 오늘 우리 점방 개시 손님인데, 걱정들 붙들어 매시게. 이번엔 힘을 써서 화첩을 충분히 들여왔으니 싸우지 말라고!"

이처럼 김홍도의 풍속 화첩은 많은 사람에게 인기가 있었어요. 백성들은 삼삼오오 모여 김홍도의 풍속 화첩을 돌려 보기도 했습니다.

"세상에, 이 씨름 장면 좀 보게나. 이게 어디 사람 손으로 그린 것인가?"

"한 번에 이 많은 사람을 그리다니……. 하나, 둘, 셋…… 합이 스물둘이네그려."

"정말? 가만, 정말 그렇군."

"이게 말일세, 구도를 좀 보게. 관중들이 빙 둘러앉아 씨름하는 걸 들여다보는 원 구도라서 보는 사람들을 확 잡아끌지 않나?"

"어디서 주워들은 풍월은 있어 가지고. 오늘은 그림을 제법 아는 사람들이 모였구먼."

"스물두 사람 표정이 제각각인 것이 그렇게 재미있을 수가 없네,

거참."

"맞네, 맞아. 표정도 제각각이고 행동도 다 달라. 위쪽 왼편에 앉은, 이 부채로 입을 가린 양반네는 앉아 있기가 힘들었는지 슬그머니 왼발을 폈구먼, 하하하."

"아래 오른편에 있는 구경꾼들 보이나? 몸을 뒤로 젖히고 여유롭게 구경하는 것 좀 보시게. 얼마나 재미있으면 입까지 벌리고 좋아하네그려."

〈씨름〉 조선 시대 일반 백성들의 모습이 재미있게 묘사되어 있다.

"그 상투 튼 인간이 자네랑 닮았는데?"

"뭐? 어디 보자. 허허, 진짜 그렇네? 어라? 이 상투 튼 사람 손 모양을 좀 봐."

"왜, 뭐가 잘못됐나?"

"왼손이랑 오른손이 뒤바뀌지 않았나?"

"뭐? 그게 참말인가? 어디 보세. 어라, 참말이네?"

모두들 공책 크기만 한 화첩에 고개를 들이밀었습니

다. 그런데 그 말은 틀리지 않았어요. 손 모양이 정말로 뭔가 어색해 보였습니다.

"이거 혹시 김홍도가 잘못 그린 게 아닐까?"

모두들 웅성거리기 시작했어요.

김홍도가 정말로 실수를 한 걸까요?

"그럴 리가 있을까? 내가 보기엔 우리 같은 백성들이 재미있게 보라고 김홍도가 익살을 부린 것 같은데?"

여기저기서 많은 사람이 고개를 끄덕였습니다.

"그런가? 하하하. 만일 그렇다면 정말 재미있구먼."

"여기들 보게. 〈벼 타작〉이란 이 그림에서도 등을 돌리고 있는 이 사내 오른손이 이상해. 오른손이 왼손처럼 그려져 있네그려?"

"하하하, 이것이 《단원풍속도첩》에 담긴 비밀이렷다."

정말 그랬어요. 김홍도기 그린 풍속화를 자세히 살펴보면 몇몇 작품에서 등을 돌리고 있는 사람들의 오른손과 왼손이 뒤바뀐 것을 볼 수 있답니다. 여러분도 꼼꼼히 살펴보세요. 숨은 그림 찾기처럼 재미있을 거예요.

그런데 그뿐만이 아니에요. 손뿐만 아니라 발의 모양이 바뀐 그림도 있답니다. 〈잎담배 썰기〉라는 작품의 위 오른쪽에 앉은 남자의 발 모양이 바로 그래요. 왼발인데 오른발 모양을 하고 있지요. 엄지

발가락이 원래 있어야 할 자리 반대편에 가 있답니다. 어때요, 신기하지요? 자세히 들여다보지 않으면 잘 모르고 지나치기 쉽겠지요?
　물론 김홍도가 재미를 위해 그랬는지, 아니면 정말 실수로 이렇게 그렸는지는 정확히 알 수가 없어요. 하지만 조선 최고의 화가였던 김홍도가 이렇게 단순한 실수를 했을까요? 따라서 백성들이 그림을 보다 웃을 수 있도록 김홍도가 일부러 이런 장치를 했다고 생각할 수 있을 것 같아요.
　어떤 사람들은 당시에 그림을 베껴서 파는 사람이 하도 많아 화가들이 일부러 자신들만이 알 수 있는 비밀 장치를 그림 속에 만들어 놓은 것이라고 설명하기도 합니다. 그렇게 보자면 김홍도는 양쪽 손

발을 바꾸어 그림으로써 자기가 그린 진짜 그림을 지키려고 했는지도 모릅니다. 여러분은 어느 말이 맞는 것 같으세요?

양반과 상민이 함께 '놀다'

이뿐 아닙니다. 김홍도의 풍속화는 보면 볼수록 재미있는 이야깃거리가 들어 있는 보물 상자 같아요. 다시 〈씨름〉이란 그림을 자세히 보세요. 어때요, 뭔가 이상한 점이 있지 않나요?

갓을 쓴 양반과 평민이 함께 어울려 씨름을 보고 있어요. 그런데 양반과 상민의 구별이 철저하던 조선 사회에서 어떻게 이런 일이 가능했을까요?

사실은 이런 이유가 있답니다. 김홍도가 살던 정조 때에는 상민 중에서도 장사나 무역으로 큰돈을 번 사람들이 등장하기 시작했어요. 이들은 실제로 많은 돈을 주고 양반의 지위를 사기도 했답니다. 크게 몰락해서 가난하게 살아가는 양반들보다도 돈 많은 상인들이 훨씬 더 좋은 대접을 받게 된 것이에요.

이처럼 서서히 신분 질서가 무너지는 시기였기 때문에 양반과 상민이 한자리에 앉아 있을 수 있었던 것이지요. 한 장의 그림 속에 이렇게나 많은 이야기가 담겨 있다는 것이 놀랍지요?

김홍도의 《단원풍속도첩》에는 〈서당〉, 〈씨름〉, 〈무동〉, 〈논갈이〉, 〈고기잡이〉 등 우리 조상들의 생활상이 사실적으로 표현되어 있답니다. 또한 〈씨름〉처럼 각 그림에는 저마다 많은 이야기가 숨어 있어요. 〈벼 타작〉도 재미있습니다.

이 그림은 어느 가을날, 마당에 모여 벼를 타작하는 사람들 모습을 담은 것입니다. 한쪽에선 벼를 지어 나르는 사람이 보이고, 또 화면의 대각선을 따라 여러 사람이 힘을 내어 볏단을 털고 있습니다. 그리고 또 한 사람은 떨어진 벼를 쓸어 모으고 있고요. 일꾼들 얼굴에 웃음이 가득한 것을 보니 이 사람들이 참 재미있게 일을 하고 있구나 하는 생각이 듭니다.

가만, 그런데 이 사람들 옷 입은 것 좀 보세요. 뭐가 이상한지 눈치 채셨나요? 세상에, 이 사람들이 반팔에 반바지를 입고 있네요! 당시엔 땀을 많이 흘리는 일꾼들이 입을 수 있도록 반팔과 반바지로 된 한복이 있었답니다. 이러면 일일이 소매나 바짓가랑이를 걷지 않아도 시원하게 일을 할 수 있겠지요. 한복이라면 무조건 긴소매를 생각했던 우리의 상식을 뒤집는 장면입니다.

위쪽 오른편을 볼까요? 거기에는 양반 차림을 한 사람이 앉아 있어요. 아마도 마름으로 보입니다.

마름이란 땅을 가진 양반들이 멀리 떨어져 살 때, 그들을 대신해서 땅을 부쳐 먹는 농민들을 관리하고 세금을 걷는 일을 하던 사람을 말해요. 그러니까 양반과 농민 사이에서 중간 역할을 하는 사람이지요. 이들은 횡포가 심해서 땅 주인에게 건네줄 소작료보다 더 많은 세금을 걷기도 했답니다. 그러니까 평소에 농민들에게 어떤 인상을 주었을지 짐작할 수 있겠지요?

마름으로 보이는 사내가 술이라도 한잔했는지 거나하게 취한 표정으로 볏단에 기대어 앉아 있습니다. 게다가 머리에 쓴 갓은 뒤로 나자빠져 금방이라도 떨어질 듯 아슬아슬해 보여요.

일꾼들의 활기찬 표정에 비하면 이 마름의 행색은 웃음이 터져 나올 것만 같은 재미있는 모습이지요? 아랫사람들은 열심히 일하고 있는데, 마름은 일꾼들을 감독하면서 술이나 먹고 한가하게 노닥거리고 있는 거예요.

김홍도는 풍속화를 구입하는 일반 백성들을 생각해서 양반이나 마름 계층에 대한 비판적인 시각을 그림 속에 담았습니다. 그러니 백성들이 좋아할 수밖에요.

풍속화를 그리기 위해서는 사물을 보는 예리한 관찰력이 필요해요. 그다음 필요한 것이 순간적이고 빠르게 그려 내는 능력입니다. 아무리 관찰을 잘해도 빨리 그 장면을 종이 위에 옮기지 못하면 그림으로 남길 수 없기 때문이지요. 김홍도는 바로 이 두 가지 재주를 갖고 있었어요.

　김홍도는 눈앞의 사람이나 경치를 단번에 포착하고, 빠른 시간 안에 똑같이 그려 냈습니다. 풍속화를 그리는 데는 더할 나위 없는 능력이었지요. 그래서 김홍도의 그림에는 자질구레한 배경을 과감하게 없애고 사람이나 사물을 강조한 게 많아요. 이는 김홍도 그림만의 특징이랍니다.

　이러한 재주를 바탕으로 탄생한 김홍도의 풍속화는 사실적이면서도 익살스럽게 당시의 풍속을 담고 있어서 오늘날에도 귀중한 유산으로 인정받고 있습니다. 이 화첩은 현재 국립중앙박물관에 보관되어 있어요.

생각쟁이 열린마당

김홍도와 신윤복의 풍속화는 어떻게 다를까?

국보 제135호로 지정된 《혜원전신첩》이 공개되면서 조선 시대 후기의 풍속을 그린 화가의 이름이 세상에 알려졌다. 바로 혜원 신윤복이다.

신윤복이 그린 풍속화는 김홍도의 풍속화와 함께 이야기될 때가 많다. 김홍도의 풍속화가 조선 후기 다양한 직업을 가진 서민들의 일상생활을 잘 그려 내고 있다면, 신윤복의 풍속화는 남녀간의 사랑 이야기를 다룬 그림이 많다는 것이 특징이다.

신윤복의 풍속화 중 특히 유명한 것은 〈단오풍정〉이라는 작품이다. 음력 5월 5일 단옷날, 화면 왼쪽 아래에서는 여인네들이 몸을 씻고 있다. 또 화면 우측에는 그네를 뛰고 머리를 다듬는 여인이 보인다. 여기에 먹을거리를 머리에 이고 등을 보인 채 다가오는 행상 여인까지, 자칫 번잡스럽게 보일 수 있는 인물들을 자연스러운 배치로 구성해 그려 낸 것이 놀랍다. 게다가 여인네들을 엿보는 중들을 배치해 놓은 것도 재미있다.

김홍도가 배경을 생략한 채 인물들 모습에 사람들의 시선을 집중시킨 것에 비해, 신윤복은 배경까지 세밀하고 사실적으로 그려 냈다. 김홍도의 자유분방하고 시원시원한 붓질과 달리, 신윤복의 세밀하고도 꼼꼼한 화풍은 또 다른 재미를 준다.

그렇지만 무엇보다도 남성 중심적인 조선 사회에서 여인들의 모습에 관심을 쏟은 신윤복이 아니었다면, 우리가 당시 여인들의 모습을 볼 수 있을까 싶다. 〈미인도〉에서도 볼 수 있듯이 고운 눈썹과 수줍은 듯 고개를 숙인 다소곳한 모습으로 조선 후기의 아름다운 여인 이미지를 분명하고 뚜렷하게 우리에게 남겨 준 것은 신윤복의 커다란 업적이다.

결국 김홍도의 그림이 익살과 해학이 넘치는 화풍으로 서민의 이야기를 담아 낸 남성적인 그림이라면, 신윤복의 그림은 남녀간의 은은한 감정을 세밀한 붓질에 담아 낸 매우 여성적인 그림이라 할 수 있다.

금강산을 그려라!

자네 그림 속에 조선이 들어 있네

때는 1788년 가을, 안기 찰방에서 물러난 김홍도는 선배 화가이던 김응환과 함께 강원도 동해안 지역의 명승지 여덟 곳과 금강산을 그려 오라는 정조의 명을 받았어요.

지금도 그렇지만 그때도 금강산은 아름다운 경치로 유명했지요. 한양에서 금강산까지 다녀오려면 한 달이 넘게 걸렸답니다. 참으로 먼 곳이었지요. 나랏일에 바쁜 정조는 그만한 시간을 낼 여유가 없었어요. 그래서 김홍도의 그림을 보고 마음을 달래려고 명을 내렸던 거예요.

정조는 김홍도가 지나는 마을마다 특별한 명을 내려 김홍도 일행을 잘 보살펴 줄 것을 지시했답니다. 김홍도와 김응환은 동해안 지역의 명승지를 그림으로 옮긴 뒤, 금강산으로 가기 위해 회양 땅으로 들어섰습니다.

당시 회양에는 스승 강세황이 머물고 있었지요. 맏아들인 강인이 회양 부사로 있었기에 아들을 따라 강세황도 그곳에 머물고 있었던 것입니다.

"어서 오시게."

"아이고, 스승님. 이리 먼 곳까지 나오지 않으셔도 되는데……."

"자네가 온다니 내가 가만히 앉아 있을 수가 있어야

금강산 예로부터 삼천리 금수강산 중에서도 가장 아름다운 산으로 손꼽히는 곳이다.

말이지."

강세황은 김홍도와 김응환을 반갑게 맞았습니다. 그리고 며칠만이라도 두 사람의 여행길을 함께하기로 결심했지요. 김홍도와 김응환, 강세황, 강세황의 셋째 아들 빈, 서자 신, 강세황의 친구인 임희양과 황규언까지 모두 일곱 사람이 말을 타고 금강산의 입구라고 할 수 있는 신창으로 출발했습니다. 서로 마음 맞는 사람들끼리 가는 여행이어서인지 모두 흥겨운 분위기였지요.

"워, 워."

김홍도는 고삐를 잡아당겨 말을 세웠습니다. 금강산 산길로 접어든 지 꽤 오랜 시간이 지나 있었어요. 앞서 가던 김홍도가 말을 세우자, 뒤따르던 사람들도 말을 세우고 무슨 일인가 싶어 고개를 갸웃거렸습니다.

그새 바람이 거세지더니 눈발이 날리기 시작했어요. 하늘이 어두워 금방이라도 폭설이 쏟아질 것 같은 날씨였지요. 다들 추운 날씨에 몸을 떨며 서 있었어요.

뒤쪽에서 강세황이 물었습니다.

"무슨 일인가?"

강세황의 말을 듣지 못했는지 대답 대신 김홍도는 품에 넣어 두었던 퉁소를 꺼냈습니다. 그리고 말에 올라탄 채로 갑자기 퉁소를 불

금강산 가을 풍경

기 시작했습니다.

"삘리리삘리리……."

 사람들은 깜짝 놀랐습니다. 갑자기 김홍도가 연주를 시작했기 때문이지요. 달 밝은 밤도 아니고 외딴 산길에서 대낮에 듣는 퉁소 소리가 낯설기만 했습니다. 하지만 퉁소 소리가 계속되면서 사람들의 마음은 달라졌습니다.

"이렇게 듣는 퉁소 소리도 참으로 색다른 느낌일세."

 얼마 전까지 가을 단풍의 아름다운 빛깔에 대해 한바탕 소란을 떨며 이야기를 주고받던 사람들이었어요. 하지만 험한 길이 계속되고, 더군다나 때 아닌 눈발까지 날리자 조금씩 지쳐 가고 있었던 게 사실이었지요. 이때 들려오는 김홍도의 퉁소 소리는 지친 마음을 어루만지는 것 같았습니다.

사람들의 얼굴에는 어느새 미소가 번지기 시작했어요. 퉁소를 연주해 모두를 위로하려는 김홍도의 깊은 뜻을 알 수 있었기 때문이지요. 때로는 백 마디의 말보다 작은 행동 하나가 더 큰 감동을 주는 법이에요. 김홍도의 행동이 그랬습니다.

이에 화답이라도 하듯 강세황의 서자 강신이 품에서 대금을 꺼내 불기 시작했습니다. 김홍도와 강신의 연주는 즐거운 이야기를 주고받듯 한동안 계속되었어요.

퉁소와 대금 소리에 마음을 달랜 일행은 다시 걸음을 재촉했습니다. 해가 저물어 도착한 곳은 장안사라는 절이었습니다. 피곤한 사람들은 밥을 해 먹고 일찍이 방에 들어가 잠이 들었어요.

다음 날, 떠오르는 태양과 함께 어우러진 금강산은 참으로 웅장했습니다. 게다가 구름 위로 올라온 것처럼 세상이 멀고도 아득하게 보였지요.

"스승님, 이 절은 금강산의 대문과 같은 곳인데, 이곳에서 보는 것만으로도 산의 웅장함이 느껴지네요."

"그러게 말일세. 봄 금강, 여름 봉래, 가을 풍악, 겨울 개골이 모두 금강산의 다른 이름 아닌가. 계절마다 그 아름다움이 이렇듯 변화무쌍하니 어찌 인간의 눈으로 이 아름다움을 담아 낼 수 있겠나. 하지만 자네라면 능히 하고도 남을 걸세. 그러니 주상 전하께서 자네에게 명을 내리셨을 테지. 자, 어서 보여 주게. 내 여기 앉아 자네가 그리는 그림을 감상하고 싶네."

강세황은 김홍도가 그림을 그리는 내내 함께했어요.

며칠 뒤, 김홍도와 김응환은 강세황 일행과 헤어져야 했어요. 강세황이 나이가 많아 험한 산길을 계속 가다가는 건강을 해칠 수 있었기 때문이지요.

"여보게, 내 자네에게 짐이 될 뿐이라 더 이상 동행하면 안 될 것 같네."

"스승님, 제 마음 같아서는 함께해 주셨으면 좋겠는데, 아무래도 스승님이 걱정되어 고집을 피우지 못하겠습니다."

"허허허, 내 걱정은 말고 자네 몸이나 잘 돌보시게. 돌아올 땐 꼭 내게 들러 그림을 보여 주겠다 한 약조, 잊으시면 안 되네."

김홍도는 스승 일행을 떠나보내고 다시 김응환과 함께 더 깊은 산속으로 들어갔습니다. 갈수록 길은 좁아졌습니다. 어떤 곳은 길이 없어 나뭇가지를 헤치고 들어가다 옷이 찢어지기도 했어요. 하지만 김홍도는 변화무쌍한 산의 모습에 감탄하느라 그런 것에 신경 쓸 여유가 없었지요.

준비해 온 육포와 물에 탄 쌀가루를 먹으며 그림 그리기에 좋은 자리를 찾아 헤맸습니다. 눈이 닿는 곳마다 경치가 뛰어나서 어떤 날은 하루에 열 점 가깝게 그리는 날도 있었어요.

아무도 없는 산속에서 오직 그림을 그리며 시간을 보냈습니다. 김홍도는 많이 외로웠습니다. 비록 조선 최고의 화가라는 대접을 받고 있기는 했지만, 예술가에게 만족이란 쉽지 않은 법이지요. 자신의 그림을 볼 때마다 부족한 점이 눈에 띄었어요. 이때 대충 만족해서 넘어간다면 곧 그림이 나빠집니다.

사실 김홍도가 계속해서 좋은 그림을 그릴 수 있었던 것은 끊임없이 연구하고 노력하는 자세 덕분이었어요. 김홍도는 그림을 그리는 일은 자기 자신과의 끝없는 싸움이라는 것을 잘 알고 있었어요.

늘 자신을 칭찬해 주는 사람들을 떠나 이렇게 산속에 있으니, 비로소 차분하게 스스로를 돌아볼 수 있었지요.

"선배님, 주무세요?"

모닥불을 피워 놓은 채 반대편에서 등을 돌리고 누워 있는 김응환에게 김홍도가 물었습니다.

"아닐세. 잠이 안 와서 그러나?"

"예."

"피곤할 텐데 어서 잠을 좀 자 두어야지."

"오늘은 왠지 자꾸 딴생각이 드네요."

김응환은 조용히 일어나 앉았습니다. 모닥불 건너편 김홍도의 얼굴이 불길을 따라 흔들리고 있었어요.

"왜 무슨 고민이라도 있나?"

김홍도는 한숨을 내쉬었어요.

"평생 그림을 그리면서 살아가겠다고 했지만, 가끔은 이렇게 힘들 때도 있습니다. 오늘 그린 그림이 모두 제 마음에 들지 않아요."

"그랬군. 사실은 오늘 나도 자네가 자주 붓을 놓고 한숨을 내쉬는 모습을 보았네."

"예술을 한다는 것은 참 외로운 일인 것 같습니다."

김홍도는 모닥불을 뒤적이며 이야기를 계속했어요.

"남들이 보면 늘 자신 있게 그림을 그리는 것 같지만, 제 마음속은 언제나 두려움으로 가득합니다. 하얀 종이를 앞에 두고 앉아 있으면, 도대체 어떻게 해야 이 면을 채울 수 있을까 떨리면서 심장이 멎을 것 같습니다. 머릿속은 아무 생각도 나지 않고요."

"그래, 그렇지. 자네도 마찬가지였구먼."

"간신히 그림을 그려 놓고 나서 식은땀을 흘립니다. 이제 다음 그림은 또 어떻게 그려야 할까……. 아주 어두운 길에 저 혼자만 남겨진 것 같을 때가 한두 번이 아닙니다."

"맞네. 우리 같은 환쟁이들의 고통이지."

"오늘도 그랬습니다. 붓을 든 손이 자꾸 떨렸어요. 이 아름다운 산천이 제 그림 속에 제대로 옮겨지고 있는 걸까요? 혹시 제가 얄팍한 재주만 부리고 있는 것은 아닐까요?"

며칠째 피곤에 지친 얼굴을 한 김홍도를 보며 김응환이 대답했어요.

"그건 누구도 대답해 줄 수 없네. 하지만 한 가지 확실한 것은 있지. 그런 생각이 들 때 더 밀고 나가야 비로소 한 세계가 깨지고 새로운 그림을 얻을 수 있다는 사실 말일세. 이보게, 홍도. 이미 자네 그림 속에 조선이 들어 있네. 게다가 붓을 쥔 손가락에 상처가 날 정도로 자넨 최선을 다하고 있어. 주상 전하가 이 모습을 보셨다면 친히 자네에게 술과 음식을 내리셨을 거네."

김홍도는 슬픈 얼굴로 고개를 끄덕였습니다. 모닥불이 다 타고 재만 남을 때까지 김홍도는 쪼그려 앉아 깊은 생각에 빠져 있었어요.

시간이 흐르고, 김홍도와 김응환은 열흘 동안 백 점이 넘는 엄청난 그림을 그려서 돌아왔습니다. 강세황은 몇 자루가 넘는 그림 보따리를 들고 돌아온 김홍도를 반갑게 맞이했어요. 김홍도의 얼굴은 살이 많이 빠져 있었어요. 금방이라도 쓰러질 것 같은 모습이었지요.

김홍도는 주저하면서 보따리 안에서 그림을 꺼냈습니다.

"한 작품 한 작품 고민에 고민을 거듭하며 그림을 그렸습니다. 스승님, 이것이 과연 그림이긴 합니까?"

강세황은 아무 말 없이 김홍도가 건네준 그림들을 보았어요. 고개를 끄덕이기도 하고, 잠시 눈을 감았다가 한숨을 내쉬기도 했지요. 그리고 천천히 입을 열었습니다.

"아름답네."

김홍도는 목이 타는 것 같았습니다.

"이것은 아주 강한 느낌을 주는구먼. 높이 솟은 봉우리가 하늘을 찌를 듯하고. 또 이것은 곱고 아름답네. 모두 참으로 놀라운 경지일세. 우리나라에는 전에 없던 그림이야."

"스승님, 정말이십니까?"

김홍도는 믿을 수가 없었어요.

"정말이다마다. 지금까지 우리나라엔 이런 그림을 그린 사람이 없었네. 우리나라에선 정선의 신수화를 최고로 치는네, 그도 이루지 못한 경지를 자네가 이루었네. 참으로 대견하네."

김홍도는 기쁜 마음에 스승의 품에 안겨 눈물을 흘렸습니다. 그동안의 고생이 눈 녹듯 사라지는 것 같았지요.

김홍도는 곧 한양으로 발길을 옮겼습니다. 그리고 금강산에서 그려 온 그림을 바탕으로 40미터가 넘는 긴 두루마리 그림을 그려 정조에게 바쳤습니다. 40미터라면 100미터 달리기 코스의 거의 절반에 해당하는 엄청난 크기의 그림입니다. 여기에 색까지 입혀 그림을 완성했으니, 그 아름다움과 웅장함이 어느 정도였는지 짐작할 수 있을 거예요.

"이것이 바로 이번에 그려 온 〈금강산도〉냐?"

"예."

김홍도는 고개를 숙여 대답했습니다. 정조의 얼굴에 미소가 번졌어요.

"대단하구나. 처음에 내가 바라던 것 이상을 이루었다. 이제 내가 금강산에 가지 않고도 일 년 열두 달을 아름다운 경치 속에 파묻혀 지낼 수 있게 되었으니 이 모두가 김홍도의 공이로다."

김홍도가 그린 〈금강산도〉는 두고두고 정조의 사랑을 받았어요. 하지만 이 작품 역시 지금은 볼 수가 없어요. 순조 때 불에 타 버렸기 때문이지요. 다만 금강산 그림을 화첩으로 묶어 만든 《해산첩》(또는 《금강산 화첩》)만이 전해지고 있습니다.

《금강산 화첩》 김홍도의 금강산 그림을 묶은 화첩 중에서 청간정을 그린 그림이다.

《해산첩》은 정조에게 바친 두루마리 그림을 위한 초벌 그림이었다고 해요. 김홍도가 보여 준 사실적인 필체를 유감없이 느낄 수 있는 작품입니다.

김홍도의 산수화는 이때부터 완전히 달라집니다. 초기에 보였던 중국풍의 화법은 사라지고 그야말로 조선 땅의 냄새가 물씬 묻어 나는 그림 기법이 자리를 잡게 된 것이지요. 힘들여 발로 걷고 애써 눈으로 보면서 우리 산천의 아름다움을 중국 화법으로는 도저히 표현해 낼 수 없다는 것을 절실하게 깨달았던 것입니다. 산수화의 새로운 경지를 개척한 것이었어요.

슬픈 대마도 여행

금강산에서 돌아온 겨울, 김홍도는 충주에 있는 충렬사라는 절로 가게 되었습니다. 충렬사는 지금의 충주에서 수안보 쪽으로 가다 보면 나오는 달천이라는 조그만 동네에 있는 절입니다. 정조가 김홍도를 충렬사로 보낸 이유는 임경업 장군의 초상화를 다시 그려 충렬사에 모시기 위해서였습니다.

임경업 장군은 뛰어난 장수였습니다. 인조가 임금의 자리에 오르는 데 힘을 보탠 이괄이라는 사람이 그에 대한 보상을 제대로 받지 못하자 난을 일으켰어요. 1624년의 일이었지요. 이때 임경업 장군이 지혜를 발휘해 반란군을 무찌르는 데 커다란 공을 세웠답니다. 이때부터 임경업은 뛰어난 장수로 이름을 떨치기 시작했어요.

1636년 병자호란이 일어났을 때에는 인조를 구하기 위해 남한산성으로 달려가기도 했습니다. 하지만 임경업이 도착했을 때는 이미 인조가 청나라 태종에게 머리를 숙여 항복을 선언한 뒤였지요. 그래도 임경업은 끝까지 대항하려고 했지만 배신을 당해 오히려 청나라에 잡히는 신세가 되고 말았답니다.

임경업의 됨됨이를 아까워한 청나라는 부귀영화를 약속하며 그의 마음을 돌리려 했어요. 하지만 임경업은 끝까지 절개를 지켰습니다. 그리고 다시 죄인의 몸으로 조선에 넘겨지고 맙니다. 역적을 모의했다는 구실이었지요. 임경업을 시기한 무리가 꾸민 짓이었습니다. 임경업은 결국 죽음을 당하고 말았습니다.

이때부터 임경업 장군은 백성들에게 영웅처럼 대접받기 시작합니다. 임경업의 정신을 기리기 위해 정조는 비석을 세우고 그의 업적을 담은 책도 만들었습니다. 초상화도 이런 작업의 하나였답니다.

정조의 마음을 읽은 김홍도는 최선을 다해 그림을 그렸습니다. 역사적 사실을 머릿속에 떠올리면서 어떻게 하면 엄숙하면서도 호탕한 임경업 장군을 담아 낼 수 있을지 고민했어요.

나중에 김홍도가 그린 초상화를 본 조희룡이라는 사람은 이런 글을 남겼습니다.

단원이 그린 초상화는 그 솜씨가 뛰어나고 신기한 힘을 갖고 있다. 영웅호걸을 그릴 때에 단원이 강한 마음과 배짱으로 예리하고 힘 있게 붓질을 하였으니 끝까지 힘을 쓰지도 않았는데 벌써 충분히 아름다움이 드러났구나.

그림을 그리고 돌아와 보니 어느덧 12월 중순도 지나 있었습니다. 김홍도는 이인문, 김광국 등의 벗과 함께 매화를 보며 피곤을 달랬습니다. 하지만 이듬해인 1789년, 다시 정조의 부름이 있었습니다. 금강산 그림을 같이 그리고 돌아온 김응환도 함께였습니다.

"너희를 부른 것은 이번에 대마도에 다녀올 일이 생겨서다."

김홍도와 김응환은 서로의 얼굴을 쳐다보며 고개를 갸웃거렸습니다.

"전하, 대마도는 이웃 일본의 섬이 아닙니까?"

"그렇다. 금강산에 다녀온 지 얼마 지나지 않아 몸이 지치고 많이 힘들 줄 안다. 그러나 대마도의 자세한 지도가 필요한데, 믿을 만한 사람은 너희 둘뿐이로구나. 이렇게 말하는 과인의 마음도 편하지는 않구나. 힘든 일이 될 것이다. 할 수 있겠느냐?"
"예, 다녀오겠습니다."
둘은 조금의 망설임도 없이 명을 받들었습니다.
하지만 막상 출발해 보니 둘 다 몸 상태가 말이 아니었어요. 특히 김홍도보다 나이가 많은 김응환의 상태는 점점 더 나빠지고 있었습니다. 김응환은 말을 타고 갈 때도 식은땀을 흘리며 쉽게 지쳤습니다. 부산에 도착했을 때, 김응환은 기어이 자리에 눕고 말았습니다.
"이보게 홍도, 미안하네. 내가 도움이 되지는 못하고……."
"아닙니다, 선배님. 넘어진 김에 쉬었다 간다고, 저도 많이 지쳤으니 여기서 좀 쉬어야겠습니다. 마음 편하게 생각하세요."
"우리가 이렇게 여행을 오래 할 줄 누가 알았겠나. 그래도 자네가 옆에 있어서 내 마음이 편하네."
김응환의 눈에 눈물이 맺혔어요.
"제가 장터에 나가서 전복을 사다가 죽을 좀 만들어 가져왔습니다. 조금씩 드시면 차차 기운이 날 겁니다. 어서 건강해지셔야지요. 한양으로 돌아가면 제가 더 맛있는 음식을 대접하겠습니다."

"그래, 그래. 난 맛있는 술을 사지. 우리 꼭 그러세나."

하지만 불행하게도 약속은 지킬 수 없었어요. 김응환은 그날 밤 정신을 잃고 사경을 헤매기 시작했습니다. 약도, 의원도 소용이 없었습니다. 결국 다음 날 아침, 잠에서 깨어난 김홍도는 차갑게 굳어 있는 김응환을 발견했습니다. 쓸쓸히 죽음을 맞이한 김응환을 생각하자 김홍도는 마음이 너무 아팠습니다.

"선배님, 안 됩니다. 이렇게 허무하게 돌아가시면 어떻게 합니까, 선배님!"

김홍도는 입술을 깨물며 슬픔을 이기려 했지만 마음대로 되지 않았습니다.

장례를 치르는 내내 김홍도는 눈물을 멈추지 못했습니다. 김응환과 함께했던 추억들이 떠올랐어요. 금강산 여행에서 서로 손을 잡아 주며 험한 길을 오르던 기억, 한밤중에 자신을 위로하며 어깨를 두드려 주던 모습, 좋은 그림을 그렸다고 서로 기뻐하며 웃던 일 등 그 모든 것이 꿈만 같았습니다.

하지만 언제까지 슬픔에 잠겨 있을 수는 없었습니다. 간신히 힘을 낸 김홍도는 홀로 대마도에 다녀왔습니다. 그리고 제주도를 거쳐 다시 조선 땅으로 돌아왔습니다. 김홍도의 손에는 대마도의 구석구석을 돌아다니며 그린 지도가 들려 있었습니다.

예술은 독창성이다

김홍도가 뛰어난 그림을 그릴 수 있었던 것은 그가 가진 독창적인 생각 덕분이었다.

단순히 보고 그리는 수준이 아니라, 자신만의 생각을 얼마나 잘 담아 낼 수 있느냐가 좋은 그림의 조건인 것이다. 그런 의미에서 독창성은 예술가의 생명이라 할 수 있다.

1917년, 마르셀 뒤샹이 미술 전시장에 변기를 전시해 놓고 거기에 '샘'이란 제목을 붙인 것은 유명한 일화이다. 사람들은 깜짝 놀랄 수밖에 없었다.

'이것도 과연 예술인가? 가게에 나가면 얼마든지 살 수 있는 남성용 변기를 가져다 진열해 놓고 작가가 아무런 변형도 가하지 않은 이 작품도 예술이 될 수 있는가?'

마르셀 뒤샹은 반드시 화폭에 그려져야만 작품은 아니라는 독창적인 발상을 통해, 과연 미술이란 무엇인가라는 질문을 사람들에게 되물은 것이었다. 바로 이런 점에서 그를 예술가라고 부를 수 있는 것이다.

팝 아트의 창시자인 앤디 워홀도 마찬가지다. 그는 매릴린 먼로, 엘비스 프레슬리 등 미국 대중 문화의 스타나 저명 인사 등을 캔버스에 반복적으

로 묘사하거나 간단한 색채만을 덧입혀 발표했다. 이를 통해 순수 고급 예술의 자만심을 공격하고 예술의 의미를 애매모호하게 만드는 일련의 작업을 시도한 것이다.

한국을 대표하는 백남준은 어떤가. 그는 독창성 면에서 세계적으로 인정받은 예술가이다. 특히 '비디오 아트'라는 새로운 장르를 개척한 백남준의 업적은 예술가에게 독창성이란 것이 얼마나 중요한지를 알려 주는 예라고 할 수 있다. 그는 생전에 다음과 같이 말했다.

"우리나라는 일등을 너무 좋아한다. 하지만 미술은 일등이 중요한 것이 아니다. 내가 다른 사람과 어떻게 다른가 하는 것이 중요하다. 여기에는 승패가 존재하지 않는다. 나만의 색깔이 중요한 것이다."

그래서 그는 당시 사람들이 기계 덩어리로만 생각했던 텔레비전과 비디오를 이용해 새로운 예술을 개척할 수 있었던 것이다.

김홍도 최대의 역작
'용주사 프로젝트'

배움에는 국경이 없다

　김응환의 죽음으로 인한 슬픔에서 어느 정도 벗어난 김홍도는 1789년 겨울, 초상화를 잘 그리기로 소문난 이명기와 함께 동지사의 일원으로 청나라로 향하게 되었습니다. 동지사란 해마다 동짓달에 중국에 보내는 사신을 일컫는 말입니다. 조선의 특산물인 인삼, 화문석, 모시 등을 가져다 주고 중국의 특산물을 받아 오는 정기적인 행사를 벌인 것입니다. 일종의 국가 대 국가의 무역이었지요.

　김홍도는 정조가 특별히 자신과 이명기를 청나라에 보내는 이유가 궁금했습니다. 하지만 막상 청나라에 도착하자 여러 가지 앞선 기술들을 보고 감탄하느라 어느새 그런 의문은 잊고 말았습니다. 김홍도가 제일 관심을 둔 것은 연경에 있는 사찰과 천주당에 그려진 그림들이었어요.

연경 원나라·명나라·청나라의 수도였던 베이징의 옛 이름.

"이것이 바로 원근법이로구나. 멀리 있는 것은 작게, 가까이 있는 것은 크게 그리는 기법이라. 가만, 그런데 이것은?"

김홍도는 자신의 눈을 믿을 수 없었어요. 벽화에 그려진 사람의 얼굴이 실제처럼 보였기 때문이지요. 그런데 지금까지 보아 오던 것과는 다른 느낌이었습니다. 김홍도는 그림을 좀 더 자세히 들여다보았어요. 벽화 속 인물의 얼굴이 생생하게 느껴지는 이유를 비로소 깨달을 수 있었습니다.

'아, 이것이 바로 명암법이로구나! 얼굴의 튀어나오고 들어간 부분에 따라 색을 다르게 쓰니, 광대뼈는 나오고 볼은 들어간 것을 이토록 생생하게 그려 낼 수 있었겠지. 오호, 참으로 놀랍구나. 내 이미 이런 기법에 대해 이야기를 들은 바가 있으나 이렇게 눈으로 직접 확인을 하니 그 느낌이 새롭다. 이런 기법을 어서 우리 그림에도 적용해야 할 터인데.'

김홍도는 말로만 들었던 여러 가지 선진 기법을 모두 살펴볼 수 있었어요.

다음 해 2월 김홍도는 한양으로 돌아왔습니다. 정조는 기다렸다는

용주사 정조가 아버지 사도 세자를 위로하기 위해 세운 절이다. 경기도 화성에 위치하고 있다.

듯이 김홍도에게 중요한 일을 맡겼습니다. 그것은 바로 새로 지어질 용주사에 불화를 그리는 일이었어요. 불화란 불교의 사상을 담은 그림을 말합니다.

정조의 마음속에는 늘 뒤주에 갇혀 억울하게 죽은 아버지 사도 세자의 생각이 자리 잡고 있었습니다. 그래서 한양에 있던 사도 세자의 초라한 무덤을 수원으로 옮기고 '현륭원'이라 이름 붙였지요. 이와 함께 용주사를 지을 것을 명했는데, 용주사는 사도 세자를 기리기 위한 절이었어요.

하지만 그때까지 불화를 제대로 그려 본 적이 없는 김홍도는 불안감이 앞섰어요. 누구든지 처음 도전해 보는 일 앞에서는 떨리게 마련이지요. 게다가 아무리 다양한 그림 실력을 가진 김홍도라고는 하나, 불화 그리기가 몹시 어렵다는 것을 잘 알고 있었거든요.

"전하, 예로부터 불화는 그 규칙이 까다롭고 엄격하여 훈련받은 화승*들이 그리는 것으로 알고 있사옵니다. 어찌 제가 불화를 그릴 수 있겠습니까?"

"내 여러 대신의 견해를 물어 정한 것이다. 네가 아니면 누가 이 일을 하겠느냐? 동지사의 우두머리였던 이성원에게서 듣기로는 네가 많은 것을 보고 느꼈다고 하던데, 이번 용주사 불화에 그런 점들을 담아 새로운 그림을 그려 보는 게 어떠냐?"

> **화승** 절에서 그림을 전문적으로 그리는 승려를 일컫는 말임.

김홍도는 비로소 정조의 뜻을 이해할 수 있었습니다. 이미 수원 화성을 쌓아 북학파의 실용적인 이론을 수용한 정조는 서양식 화법도 적극 받아들여 우리 그림을 변모시켜야 한다고 생각했던 것이지요. 이를 위해 미리 김홍도를 청나라에 보내 견문을 넓히도록 한 것이었습니다.

용주사 불화 작업에는 당시 이름을 떨치고 있던 이명기와 김득신이 김홍도를 도와 함께했어요.

'눈으로 보고 귀로 들은 것만 가지고 그림을 그릴 수는 없다. 내 손에 익지 않은 화법이 무슨 소용인가. 서양식 화법을 받아들여 우

리 것으로 만들기 위해서는 오로지 연습밖에 없다. 그리고 또 그리는 것!'

김홍도는 늘 대작을 그리기 위해 많은 준비를 했습니다. 한 편의 그림을 위해 수많은 밑그림을 그려 연습하고, 기법이 손에 익을 때까지 종이 버리는 것을 아까워하지 않았지요.

불화 작업도 마찬가지였어요. 비록 자신이 직접 그림을 그리는 것이 아니라 화승들을 감독하는 일이었지만, 자기가 직접 새로운 기술을 익혀 보여 주지 못한다면 다른 사람을 가르칠 수 없다고 생각했기에 더욱 맹렬히 연습을 했지요.

그러나 조급한 마음과는 달리 몸이 말을 듣지 않았어요. 아마도 청나라에 다녀온 여독이 풀리지 않은 데다 그동안 쉬지 않고 그림을 그린 탓에 몸에 무리가 생긴 듯했습니다. 결국 김홍도는 자리에 눕고 말았습니다. 한동안 온몸에 오한이 들고 뼈마디가 끊어질 듯 아파 김홍도는 아무것도 할 수 없었어요.

다행히 4월에 접어들면서 차츰 기운이 되살아나기 시작했습니다. 김홍도는 부채를 꺼내 그림을 그렸어요. 한적한 길을 한 노인이 시중을 드는 아이와 함께 나귀를 타고 지나가는 그림이었지요.

강세황은 김홍도의 병이 나았다는 이야기를 듣고 크게 반가워하며 부채에 다음과 같은 글을 적어 주었습니다.

사능이 중병을 앓고 다시 일어나 그림을 그릴 수 있으니 이제 오랜 병에서 깨끗이 회복된 것을 알 수 있구나. 마음이 이렇게 기쁘니 사능의 얼굴을 마주 보는 듯하다.

몸을 추스른 김홍도는 불화를 그리는 일에 힘을 쏟았습니다. 이명기, 김득신과 함께 수차례 회의를 하면서 앞으로 그려 나갈 그림에 대한 의견을 나누었지요.

아미타불 말씀을 전하는 부처.
약사불 병을 고치는 부처.
팔대 보살 바른 법칙을 지키고 중생을 옹호하는 여덟 보살을 일컬음.
사천왕 불법과 불교를 믿는 사람들을 호위하며 지키는 네 신.

"자, 이제 비로소 준비가 된 듯합니다. 부처님과 아미타불˙, 약사불˙ 등 세 분을 중심으로 하여 팔대 보살˙을 타원형으로 모시는 것이 좋겠지요. 그림의 네 구석에는 사천왕˙상을 배치하고, 화면에 빈 곳이 없도록 모든 곳을 화려하게 채워 부처님의 법과 지혜가 온 세상에 가득 차 있음을 보여 주어야겠습니다."

부처님의 얼굴이나 손 등은 이명기가 주관해 전래의 기법으로 그리기로 했어요. 각 그림 모두 뒤로 갈수록 인물이 작아지는 원근법을 적용하고, 사천왕상은 얼굴에 명암법을 적용해 광대뼈와 이마를 두드러지게 그리기로 했습니다.

계절은 어느덧 여름을 지나 가을로 접어들고 있었습니다.

"자, 이제 완성입니다."

드디어 일을 시작한 지 216일째 되던 날, 모든 불화 작업이 끝났어요.

이렇게 하여 탄생한 것이 바로 〈삼세여래후불탱화〉와 〈칠성여래사방칠성탱〉과 같은 불화랍니다.

김홍도와 김득신, 이명기, 그리고 화승들은 자신들이 완성한 작품 앞에서 환호성을 질렀어요. 그동안의 작업이 한 치의 어긋남도 없이 고스란히 눈앞에 모습을 드러냈기 때문이지요.

용주사 대웅전 불화 비단에 채색한 그림으로, 생생한 음영이 살아 있는 것으로 유명하다.

이렇듯 용주사의 불화는 우리 전통 기법과 당시 청나라에서나 볼 수 있던 서양식 화법을 본격적으로 결합하여 그린 대작이었습니다. 종교화로서는 최상의 경지를 보여 주는 작품이었지요.

책이야, 그림이야?

당시에는 또한 서양식 화법을 적용한 '책거리'라는 것이 있었답니다. 책거리란 병풍에 책꽂이와 책, 문방구를 가득 그려 넣은 것을 말해요. 이 병풍을 펼쳐 놓으면 책이 방 안에 가득 찬 느낌이 들어 양반들은 책거리 그림으로 방을 장식하는 것을 좋아했습니다.

"언제 이렇게 책을 많이 들여왔나? 내 한두 권 빌려 가도 괜찮겠지? 어디 보자, 아니? 이게 무언가?"

"하하하, 자네 단단히 속았구먼. 그건 책이 아니라 그림일세."

"뭐라고? 내 감쪽같이 속았네. 멀리서 보면 영락없는 책이고 문방구인데, 이게 병풍에 그린 그림이란 말이지? 요즘 잘 나가는 세도가들이 하나씩은 다 갖고 있다는 그 그림인가?"

> **세도가** 정치적인 권력을 휘두르는 사람. 또는 그런 집안.

"그렇다네. 자넨 아마 처음 보지? 바로 책거리라는 거네."

"에잉. 난 이게 알맹이 없이 가짜 지식만 자랑하는 것 같아 어째 보기가 좋지 않으이. 선비라면 글을 읽어야지, 책이 그려진 그림만 보고 있으면 어쩌자는 겐가?"

"허허, 자네는 주상 전하의 이야기도 못 들었는가? 주상께옵서 책거리를 옥좌 뒤에 펼쳐 두도록 하셨다지 않은가. 그렇게라도 해서 책을 읽지 못하는 섭섭한 마음을 달래신다는 뜻일 텐데, 이게 조정의 대신들로부터 제법 산다는 한양의 양반 집안으로 퍼져서 이제는 웬만한 집안에서 책거리 하나 갖고 있지 못하면 시대에 뒤떨어진다는 소리를 듣는다네."

"그래? 그런 사정이 있었단 말인가? 어째 나만 몰랐을꼬."

책거리에는 투시법과 음영법이 적용되었어요. 투시법은 상자나 집 등 네모난 물건을 입체적으로 보이게 하는 기법이며, 음영법 역시 물건이 입체적으로 느껴지도록 그림자를 그려 넣는 기술을 말합니다.

책거리는 당시 양반들 사이에서 유행하는 그림이었어요. 김홍도는 이러한 그림도 잘 그렸습니다. 지금은 김홍도의 화법을 배우고 익혔다는 이형록의 그림이 남아 있어 당시의 분위기를 짐작해 볼 수 있습니다.

이렇듯 김홍도는 조선의 화법뿐만 아니라 서양의 화법을 익히는 데에도 소홀하지 않았습니다. 새로운 것을 받아 익히는 데에도 누구보다 앞서 나갔던 것입니다.

생각쟁이 열린마당

탱화에 담긴 정신

원래 탱화란 천이나 종이에 그림을 그려 벽에 걸 수 있도록 만든 것으로, 불화의 한 종류를 말한다. 흔히 일반 그림에서 족자에 그려진 그림이 바로 탱화의 형식을 보여 주는 것이다.

불교에서 탱화를 그리는 이유는 무엇보다도 부처님의 업적을 기리고 찬사를 드리기 위해서지만, 불교가 지닌 복잡하고 어려운 교리를 그림으로 쉽게 풀어 신도들에게 전달하기 위한 목적도 있다. 따라서 탱화 한 폭 한 폭에는 불교의 교리, 역사, 사상 등이 모두 녹아들어 있는 것이다.

불교를 중요시했던 고려 시대에는 불화의 역사가 곧 회화의 역사이기도 했다. 지배층을 중심으로 발전했기 때문에 주로 비단에 그렸고, 표현 방법이나 예술적인 수준이 매우 높았다. 그러나 조선 시대에 접어들면서 숭유억불 정책 때문에 불화는 그 영향력을 잃고 만다. 백성들이 중심이 되었던 까닭에 고려 탱화에 비해 수수하고 소박한 그림이 많았다. 조선 후기에 접어들면서 임진왜란이나 병자호란 등의 전쟁으로 파괴된 절을 다시 지으면서 불화가 새로 그려졌는데, 벽화에 비해 상대적으로 그리기가 쉬운 까닭에 탱화가 많이 그려졌다. 지금 우리가 절에 가서 볼 수 있는 그림들은 거의 탱화라고 해도 과언이 아니다.

조상들의 지혜와 슬기가 담겨 있기 때문이지!

탱화가 왜 중요한 문화유산이죠?

만지지 마세요

탱화는 불전의 중앙에 모셔진 불상의 뒷면에 거는 상단 탱화, 불단의 좌우측에 있는 영단에 모시는 중단 탱화, 명부전의 지장보살, 시왕상 뒤에 모시는 하단 탱화 등 세 종류로 나뉜다.

우리 조상들은 탱화를 통해 나라를 구하려는 애국심을 키웠고, 모든 사람이 평안하게 살 수 있기를 바랐다. 정조 역시 나라의 안녕과 아버지 사도세자의 극락왕생을 위해 탱화 작업을 김홍도에게 맡겼던 것이다. 그러므로 탱화는 단순히 불교에 관한 그림이라기보다는 조상들의 지혜와 슬기, 따뜻한 마음이 듬뿍 담겨 있는 중요한 문화유산인 것이다.

궁궐 최고의
사진사 김홍도

연풍 현감이 되다

정조의 어진 품평회가 펼쳐졌던 장면 기억나세요? 바로 이 세 번째 어진 작업에 참가한 공을 인정받아 마흔여덟 살이던 1792년, 김홍도는 연풍 현감으로 부임합니다. 안기 찰방에 이어 두 번째 벼슬이었지요. 연풍은 지금의 충청북도 괴산군 연풍면을 말하는 것으로, 당시에 이곳으로 가기 위해서는 첩첩산중을 지나야 했습니다.

"가도 가도 산이구나. 도무지 논밭이 보이지 않으니, 언제쯤 사람 구경을 할 수 있을까?"

관아에 도착해 보니 연풍은 인구가 얼마 안 되는 작은 마을이었습니다. 하지만 마을 백성들은 김홍도를 진심으로 존경하고 우러러보

앉습니다.

"사또, 조령산 밑에 사는 홍소유라는 자가 덫을 놓아 산돼지를 얻었다 하여 그 고기를 가져왔습니다."

"이번엔 마을 어귀에 사는 김막동이라는 자가 송이버섯을 가져왔습니다."

"잣을 한 말이나 보내온 자가 있습니다. 이름도 밝히지 않은 채 두고 갔다 하옵니다."

모두가 김홍도가 연풍으로 부임한 것에 감사하며 백성들이 보낸 선물이었어요.

'비록 산속의 작은 마을이라 하나 이렇듯 착하고 따뜻한 백성들이 있으니 무엇을 더 바라겠는가. 한결같이 나를 어버이처럼 따르니 내가 줄 것이 별로 없어 부끄럽구나.'

그런데 안타깝게도 심홍노가 부임한 그해 큰 가뭄이 들었습니다. 당시에는 벼슬아치들이 좋은 정치를 펼치지 못하면 가뭄이 든다는 생각을 갖고 있어서 김홍도는 마음이 무척 아팠습니다.

"사또, 굶어 죽어 가는 백성이 늘고 있습니다."

김홍도의 수심은 깊어만 갔어요.

"한양에서 내려온 쌀만 가지고는 안 되겠구나. 내가 따로 돈을 낼 터이니 그걸로 쌀을 사서 백성들에게 나누어 주어라."

김홍도는 나라에서 나온 구휼미에 자신의 재산을 털어 쌀을 사서 백성들에게 나누어 주었습니다. 또한 자신의 덕이 부족해 백성들이 어려움을 겪는 것이라고 생각해 기우제를 지내기로 했습니다. 그리하여 조령산에 있는 상암사란 절에 올랐습니다.

구휼미 재난을 당한 사람이나 가난한 사람을 돕는 데 쓰는 쌀.
기우제 가뭄이 들었을 때 비가 오기를 기원하며 하늘에 지내는 제사.

"천지신명이시여, 백성들이 무슨 죄가 있다고 이렇게 힘들게 하십니까. 제가 부족하여 그런 것이니 제발 비를 내려 주소서."

정성을 기울여 기우제를 지내고 절 안을 둘러보던 김홍도는 큰불이 여러 차례 나 여기저기 낡고 무너져 가는 모습을 보고 놀랐습니다. 김홍도는 주지 계순 대사를 만나 이야기를 나누었어요.

"주지 스님, 이곳은 고을 안에서 제일 맑고 깨끗한 기운이 넘치는 곳인데, 이렇게 버려져 있다니 말이 안 됩니다. 비록 큰돈은 아니지만 제가 시주를 하겠습니다. 부서진 지붕은 고치고, 칠이 벗겨진 불상엔 다시 금을 입히고, 낡은 그림은 새로 그려 부처님의 은혜를 밝게 빛내십시오."

상암사의 수리를 끝내고 불공을 드리자, 김홍도에게 기쁜 일이 생겼습니다. 그때까지 외동딸뿐이던 김홍도에게 아들이 태어난 것입니다. 스님들과 마을 사람들은 김홍도가 착한 일을 한 보답을 받은 것이라 여겨 함께 기뻐했어요.

생각해 보세요. 아들이 없으면 대가 끊긴다고 생각하던 조선 시대, 거의 쉰에 가까운 나이에 아들을 얻었으니 김홍도의 기쁨이 얼마나 컸겠어요.

김홍도는 아들의 이름을 김연록이라고 지었습니다. 연록이란 연풍 현감으로 나라의 월급인 녹봉을 받고 있을 때 얻은 아들이란 뜻이 담긴 이름입니다. 연록은 나중에 양기로 이름을 바꾸고, 아버지처럼 화가의 길을 걷게 되지요.

정조가 김홍도를 연풍 현감으로 임명한 데에는 다른 이유도 있었어요. 정조는 제2의 외금강이라 불리던 단양 근처의 뛰어난 풍경을 그려 오라는 명을 내렸던 것입니다. 단양은 연풍에서 가까운 곳이었어요. 연풍에서 남한강을 따라 조금 올라가면 월악산이 나오고, 그 위가 바로 단양이었습니다.

김홍도는 임금이 보고 감상할 그림을 그리는 데에도 힘을 쏟았습니다. 이때 단양 일대를 그린 작품 가운데 일부인 〈사인암〉, 〈도담삼봉〉, 〈옥순봉〉 등이 1796년에 그린 《단원절세보첩》 안에 담겨 남아 있습니다.

1792년에 시작된 가뭄은 다음 해에도, 그 다음 해에도 물러갈 줄 모르고 3년간이나 계속되었습니다. 가뭄은 김홍도의 힘으로도 어쩔 수 없는 일이었어요. 할 수 없이 김홍도는 벼슬에서 물러나야 했지요.

정들었던 연풍을 떠나며 김홍도는 너무나 슬펐습니다. 자신을 사랑해 준 백성들이 잘 살도록 좋은 정치를 펼치고 떠나도 부족할 판에 가뭄으로 죽어 가는 백성들을 버려 두고 가는 것이나 마찬가지이니 마음이 아플 수밖에 없었지요.

김홍도는 관원들을 불러 모아 한 사람 한 사람 이별의 아픔을 나누었습니다. 잔심부름을 하며 가장 가까이에서 도움을 주었던 통인˚에게는 〈화조도〉를 선물하기도 했습니다.

"내 자네에게만 특별히 전하는 선물일세."

"아니, 사또. 저 같은 하찮은 사람에게 어찌 이런 커다란 선물을 주십니까? 사또의 그림이라 하면 세도가들도 큰돈을 내야 살 수 있는 것인데, 어찌 제가……."

"자네는 그 누구보다 따뜻한 마음으로 나를 보살펴 주었어. 차고 넘치는 것이 자네의 정이었네. 내가 비록 이곳을 떠나지만, 우리가 나눈 정까지 그냥 모른 척하고 갈 수 있겠는가. 다만 주상 전하의 명을 받았음에도 백성들을 제대로 보살피지 못하고 떠나는 것이 안타까울 따름이야. 이제 관직에서 물러나 당분간은 좀 쉬어야 할 듯하이."

> **통인** 조선 시대에, 관아에서 수령의 심부름을 하거나 행차가 있을 때 수행을 하고 명령을 전달하는 일을 맡아 하던 사람.

궁궐 최고의 사진사 김홍도

"저 같은 사람한테까지 보여 주신 사또의 배려, 결코 잊지 않겠습니다."

'디카' 보다 더 감각적인 김홍도의 눈

그러나 한양에 돌아와서도 김홍도는 쉴 수 없었습니다. 정조가 화성으로 행차하는 장면을 담은 그림을 그리도록 명을 내렸기 때문이었어요.

정조는 아버지 사도 세자의 묘를 수원으로 옮기고, 그곳에 성을 쌓아 화성을 지었습니다. 화성은 사도 세자를 기리는 것과 동시에 정조가 말년에 세자에게 왕위를 넘기고 내려가 머물기 위해 정성을 기울여 완성한 성이었습니다. 정약용의 거중기˚도 이때 발명되어 화성을 건축하는 데 커다란 도움을 주었습니다.

정조는 아버지의 묘소에 성묘를 한다는 이유로 화성에 다녀오곤 했는데, 김홍도를 부른 1795년은 여러 가지로 의미 있는 해였습니다.

정조의 어머니 혜경궁 홍씨와 죽은 아버지 사도 세자가 회갑이 되는 해였고, 할머니, 즉 영조의 두 번째 부인인 정순 왕후가 망륙˚을

거중기 정약용이 발명한 기계로, 도르래의 원리를 이용해 작은 힘으로 무거운 물건을 들어 올릴 수 있게 함.

망륙 예순을 바라본다는 뜻으로, 쉰한 살을 이르는 말.

맞이하는 해였던 것입니다. 게다가 정조 자신이 즉위한 지 20년이 되는 해이기도 했으니, 수원 행차의 전 과정을 기록으로 남겨 후대에 전하고 싶었던 것은 어버이를 모신 자식이자 한 나라의 임금으로서 당연히 가질 수 있는 마음이었지요.

이렇게 만들어진 것이 바로 《원행을묘정리의궤》라는 책이었습니다. 책제목에 들어간 '의궤'란 옛날에 나라에서 큰일을 치를 때 나중에 후손들이 참고할 수 있도록 그 일의 처음부터 끝까지의 과정을 자세하게 적은 책을 뜻합니다. 김홍도는 이 책에 들어갈 삽화를 주관해 그렸어요.

"중요한 책에 들어갈 그림이니, 최선을 다하여야 한다."

김홍도는 책에 들어갈 삽화를 모두 끝마쳤습니다. 그리고 이번엔 다시 여덟 폭의 병풍으로 정조의 어가 행렬을 그려야 했지요.

그는 곧바로 그림 구상에 들어갔습니다. 산꼭대기에 올라가 직접 보았던 행차 장면이 마치 사진처럼 눈앞을 지나갔어요. 하지만 책에 들어가는 작은 삽화와는 달리 병풍 그림이었기 때문에 더욱 세밀하고 화려하게 그려야 했습니다. 그를 도와 그림을 그릴 화원들은 김홍도의 명을 기다렸습니다.

'6000명이나 되는 사람과 1400여 마리의 말이 움직이는 어마어마한 장면이다. 이걸 어떻게 한 폭의 그림 속에 담는단 말인가?'

김홍도는 고민에 고민을 거듭했습니다. 하지만 좀처럼 구상이 떠오르지 않았어요. 지금까지 그림을 그리면서 이처럼 어려운 장면을 그리는 것은 처음이었습니다.

더군다나 국가 행사를 기록으로 남기는 것이라 상상력을 더해 꾸며서 그릴 수도 없었습니다. 마치 오늘날의 결혼식을 찍는 사진사처럼 한 번 셔터를 눌러서 한 사람도, 한 군데도 빠뜨림 없이 어가 행렬의 전부를 그림 속에 담아야 했습니다.

꽤 오랜 시간이 지난 뒤에야 김홍도는 화원들을 불렀습니다. 화원들은 긴장된 눈빛으로 김홍도의 입이 열리기만을 기다렸습니다.

"갈지(之) 자다."

화원들은 영문을 모르겠다는 표정으로 서로를 바라보았습니다.

"갈지 자란 말일세."

그제야 화원들은 낮은 탄식을 내뱉으며 김홍도의 말을 알아들었습니다.

"이 어마어마한 사람과 말을 화폭에 담으려면 화폭을 쪼개어 쓰는 수밖에 없네. 좌에서 우로, 우에서 좌로, 마치 수풀을 헤치고 움직이는 뱀의 형상처럼 구부러진 사선을 위쪽에서부터 아래쪽으로 여러 번 연속해 그리는 것일세. 이 구도를 중심으로 행렬을 배치하는 것이지. 이렇게 하면 어가 행렬의 사람과 말이 모두 다 들어갈 수 있을 것이네. 깃발과 말과 안장, 군사들의 옷차림 어느 것 하나도 빠뜨리는 일 없이 정성을 다해 그려야 해. 그리고 구경하러 나온 백성들은 언덕 위에 배치하게. 떡판을 메고 엿을 파는 엿장수, 아기를 업고 나온 아녀자 할 것 없이 꼼꼼하게 그리되, 평화롭고 즐거운 마음들이 드러나야 하겠시."

이렇게 하여 탄생한 것이 바로 여덟 폭 병풍에 그린 〈화성원행도〉 병풍 가운데 〈시흥환어행렬노〉입니다. 정조의 어가 행렬이 시흥행궁에 도착하는 장면이 이 한 폭의 그림 안에 담겨 있습니다.

이 그림은 마치 비행기에서 내려다본 것 같은 시점을 취하고 있는데, 어가 행렬의 장관을 갖지 자 형

〈시흥환어행렬도〉 〈화성원행도〉 병풍 중 한 폭으로, 시흥행궁에 도착한 정조 일행을 표현하고 있다.

태로 담은 것이 놀랍습니다.

당시엔 비행기도 없었는데 어떻게 이런 구도를 생각해 낼 수 있었을까요? 지금이야 여러 사진을 통해 하늘에서 내려다본 땅의 모습을 너무나도 쉽게 접할 수 있지만, 당시로서는 놀라운 생각이었던 것이지요.

김홍도가 그린 〈평양도〉 역시 비행기에서 내려다본 시점으로 평양과 대동강 주변의 모습을 자세하게 그렸는데, 모든 사람이 갖고 싶어 하는 뛰어난 그림이었다고 합니다.

왕실의 행사를 이처럼 정확하게 그려 낼 수 있는 김홍도는 당시 왕실의 사진사였다고 해도 과언이 아닐 것입니다.

문화로 먼저 이룬 통일

김홍도는 〈평양도〉를 그릴 수 있었지만, 지금 우리는 평양을 그리고 싶어도 그릴 수 없다. 우리나라가 분단이 된 까닭에 쉽게 평양에 갈 수 없기 때문이다.

그런 의미에서 2006년 6월, 국립중앙박물관에서 열린 '북한문화재 특별전'은 의미 있는 전시회가 아닐 수 없었다. 한반도가 남북으로 분단된 지 어느덧 50년이 넘는 세월, 남북이 동일한 역사와 문화를 공유한 한민족임을 확인하는 행사가 열린 것이다. 게다가 이 전시회에서 저음 선을 보인 김홍도의 〈선녀도〉는 문화로 먼저 이룬 통일의 흥분을 보여 주기에 손색이 없는 작품이었다.

남북의 문화 관련 교류는 이뿐만이 아니다. 이보다 앞선 2004년 9월에는 고구려 고분 벽화가 세계 문화유산에 등재된 것을 기념해 금강산에서 '고구려 고분군 세계 문화유산 등재 기념 남북 공동 전시회 및 학술 토론회'가 열려, 고구려사와 발해사를 연구하던 남북의 학자들이 만난 적이 있

다. 이 행사를 통해 남북의 학자들은 서로를 격려하고 더욱 적극적인 연구를 다짐하기도 했다.

또한 2007년 3월에는 일제에 강탈당한 문화재 환수 운동을 벌이고 있는 민간단체 '조선왕실의궤환수위'가 금강산에서 북측 '조선불교도연맹'과 회담을 갖고, 일제에 강탈당한 문화재 환수 운동에 공동 대처하기로 결정했다.

문화재 환수를 위해 남북이 힘을 모으기로 결정한 것은 처음 있는 일이었기에 그 의미는 더욱 클 수밖에 없었다.

　예술품은 우리가 한민족이며 같은 문화를 지닌 공동체임을 일깨울 수 있는 무형의 자산이다. 통일의 초석은 반드시 커다란 성과를 통해서만 다질 수 있는 것은 아니다. 오히려 이러한 지속적인 문화 교류가 남북한의 거리감을 좁히고 마음으로 하나 됨을 느끼게 하는 중요한 계기가 되지 않을까? 이것이 바로 문화 통일이 필요한 이유다.

〈주상관매도〉에 담긴
동양 사상

여백의 미를 발견하다

김홍도도 이제 말년으로 접어들고 있었습니다. 이제는 젊은 시절 신선도를 그릴 때의 열정적인 그림체도 많이 변해 있었지요.

봄비가 내리던 3월의 어느 한가로운 날이었습니다.

가만히 방문을 열어 둔 채 안개처럼 흩어지는 비를 바라보던 김홍도는 예전에 읽은 두보˚의 시 구절이 좀처럼 머릿속에서 떠나지 않았습니다.

봄물의 배는 하늘 위에 앉은 듯하고
늙은이 되어 보는 꽃은 안개 속에서 보는 듯하네

'두보는 멀리 떨어져 있는 가족들을 그리며 이런 시를 지었다는데, 그리워할 사람도 없는 나에게도 이 봄날의 고요한 분위기가 마음에 와 닿는구나.'

두보(712~770) 당나라 때의 시인. 이백과 함께 중국의 최고 시인으로 꼽힘.

이제 막 움트기 시작한 새싹들이 나뭇가지 사이로 희미하게 푸른빛을 드러내고 있었어요. 사방이 뿌연 안개비에 휩싸여 눈앞에는 어느덧 꿈속에서나 본 듯한 강가의 풍경이 펼쳐지고 있었지요.

나룻배가 천천히 흘러갔습니다. 나룻배 한쪽에 달아 놓은 노가 삐걱거리며 물살을 따라 흔들렸습니다. 그 조용한 물결 사이로 일찍 피어난 봄꽃이 떨어져 함께 흘러가는 것 같았습니다.

봄물에 배를 띄워 흘러가는 대로 두었더니
물 아래는 하늘이요, 하늘 위가 물이로구나
이 중에서 늙은 눈에 보이는 꽃은 안개 속인가 싶구나

김홍도는 단숨에 시를 지어 종이 위에 옮겼습니다. 두보의 시를 바탕으로 자신의 느낌을 담아 쓴 시였습니다. 그래도 마음속의 감정은 가라앉지 않았습니다.

'시로는 부족하다. 그림을 그려야겠구나. 이 봄날의 적막함과 아

름다움을 그림으로 그려야겠어!'

김홍도는 곧 아들 양기를 시켜 붓과 종이를 내오도록 했어요. 이제 열 살이나 되었을까, 아들 양기는 아버지가 그림을 그려 나가는 모습을 지켜보았습니다.

'가파른 절벽 위에 피어 있는 꽃나무를 그려야지. 그건 마치 허공에 둥실 떠 있는 것처럼 보여야 할 거야. 실제 눈에 보이는 풍경이 아니라 누군가의 마음을 통해 보이는 풍경이니까, 마치 안개에 둘러싸여 다른 부분은 보이지 않고 이 부분만 보이는 것처럼 말야. 그러면 절벽과 꽃나무의 중심 부분은 먹을 진히게 써서 윤곽을 분명히 드러내야겠지. 그리고 양쪽으로 갈수록 안개에 젖듯 흐려진다……. 먹도 옅어지고 붓의 물기도 줄어들어 희미하게, 사라지듯. 어디가 절벽이고 어디가 허공인지 모르게.'

김홍도의 붓이 닿는 자리마다 가지가 생기고 잎이 돋아났습니다. 단지 가볍게 붓을 가져다 대기만 한 것 같은데, 종이 위에는 어느 절벽에 꼭 있을 법한 풍경이 모습을 드러내고 있었어요.

'화면 밑에는 배를 띄워야지. 절벽을 바라보고 있는 사람이 술 한 잔 걸치고 바라보고 있을 거야. 나이는 어느 정도로 할까? 내 이미 생각하고 있었지. 나 같은 노인이어야지. 이 풍경을 평화롭게 바라볼 수 있는 경지를 어찌 젊은이에게 기대할 수 있을까. 금방이라도

미끄러질 듯한 배에 한쪽 팔을 기대고, 절벽과 꽃나무를 바라보는 게야. 술상 건너편엔 젊은이를 앉혀야지. 그래야 노인의 한가로움이 더 강조될 거야. 이 둘은 모두 가볍게 형태만 찍어 표현하면 되겠지, 있는 듯 없는 듯.'

김홍도는 어느새 붓을 놓고 자신이 그린 그림을 지켜보며 한참을 그대로 앉아 있었습니다. 양기가 물었습니다.

"아버지, 이 그림이 완성된 것이옵니까?"

김홍도는 잊고 있었다는 듯 양기를 돌아보았습니다. 그리고 양기의 머리를 쓰다듬으며 말했습니다.

"그래, 네가 보기에는 더 그려야 할 것 같으냐?"

"예, 이 넓은 종이에 절벽과 두 사람이 전부이니 무언가 허전한 듯도 하옵니다."

김홍도는 종이에 바싹 다가앉아 있는 양기의 손을 잡아끌어 적당한 거리로 물러앉도록 했습니다.

"자, 이렇게 조금 멀리 떨어져서 보면 어떠하냐?"

양기는 고개를 갸웃거리면서 한참 더 그림을 보았습니다. 차 한 잔이 식을 정도의 시간이 지났습니다.

"아름답습니다. 마음에 울림을 주는 넉넉함이 느껴집니다."

김홍도는 양기의 대답을 듣고는 만족한다는 듯이 껄껄 웃었습니다.

"원래 눈을 그리는 방법이 두 가지라는 것을 아느냐? 눈이 쌓인 자리를 흰색으로 칠하는 것이 그 하나요."

"다른 하나는 눈이 쌓이지 않은 부분을 그려 눈이 온 것처럼 드러나게 하는 것이옵니다."

"그래, 맞다. 바로 그것이다. 조선의 그림은 두 번째 방법을 높이 치지 않느냐. 그리지 않고도 그린 것과 같은 효과를 내는 것이 바로 조선의 그림. 여백을 어떻게 살리느냐가 중요하다. 이 여백을 채웠을 때보다 제대로 비워 두었을 때 그림은 더 깊어지는 법. 만약 이 그림을 잡다한 배경으로 가득 채웠다면, 네가 느낀 그 넉넉한 아름다움이 느껴졌겠느냐? 비워 둠으로써 물과 하늘이 하나가 된 것이 아니겠느냐?"

이렇게 해서 탄생한 것이 바로 〈주상관매도〉입니다. 그림이 한 편의 시처럼 느껴지지요? 이런 시적인 분위기는 김홍도의 노년기 산수화에 보이는 특징이랍니다.

사실 그림 속 절벽과 꽃나무는 마치 그리다 만 것처럼 보이기도 합니다. 하지만 노인의 늙어 가는 눈에는 절벽과 꽃나무가 이렇게 흐릿하게 보이지 않았을까요?

보는 사람의 마음속에 들어간 것처럼 그림을 그릴 수 있는 것은 엄청난 수련으로 마음의 눈이 뜨이지 않으면 불가능한 경지입니다. 더

군다나 절벽을 보는 시점이라면 분명 노인과 젊은이가 탄 배는 위에서 내려다보는 듯한 시점으로 그려졌어야 하는데, 마치 물속에서 올려다보는 것처럼 처리된 것도 특이하지요.

그러니까 이 그림은 두 가지의 시점이 적용된 것입니다. 노인의 시점에서 올려다보는 절벽과 꽃나무, 그리고 물속에서 올려다본 것처럼 처리된 노인과 젊은이. 서양화에서는 좀처럼 찾아보기 힘든 경지이지요.

김홍도는 나이가 들면서 그에 맞는 넉넉한 그림체를 갖게 된 것입니다. 또한 완벽하게 자신의 감정을 담아 그렸기에 이런 그림이 나올 수 있었겠지요.

그림에서 꾀꼬리 소리가 들려요!

이처럼 여백을 잘 살린 그림으로 〈마상청앵도〉라는 작품도 있습니다.

"가만 가만, 이 무슨 소리냐?"

말을 타고 가던 선비는 봄날의 정적 속에 울리는 투명한 소리가 귀에 전해 오는 것을 느꼈어요.

"무슨 소리라굽쇼? 제 귀에는 아무 소리도 들리지 않는뎁쇼?"

말을 모는 아이가 주인어른에게 되물었어요.

"그러냐? 흩날리는 버들가지 사이로 얼핏 새소리 같은 것이 들린 듯도 한데……."

그 순간, 정말로 어디선가 "삐이삣, 삐비!" 하는 소리가 들렸어요.

"주인마님, 저길 보십쇼."

"어디, 어디 말이냐?"

"왼편의 버드나무에 꾀꼬리란 놈이 앉아서 울고 있습니다요."

선비는 말을 세웠어요. 비탈길이라 잠깐 기우뚱했지만 곧 자리를 잡고 서서 나무 사이를 올려다보았습니다. 그러자 정말로 노랗고 작은 귤처럼 생긴 꾀꼬리가 지저귀고 있는 게 보였지요. 그 소리가 마치 어여쁜 여인이 꽃 아래에서 천 가지 가락으로 생황*을 부는 것처럼 아름답게 들렸습니다.

생황 중국에서 건너온 관악기. 큰 대나무로 판 통에 많은 대나무관을 돌려 세우고, 주전자 귀와 비슷하게 생긴 부리로 불게 되어 있음.

"그 소리가 참으로 곱구나."

어느새 선비와 말을 모는 아이는 시간이 가는 줄도 모르고 꾀꼬리 소리에 흠뻑 취해 가고 있었어요. 부슬부슬 안개비가 내려 사방이 부옇게 물들고, 선비의 잘 다린 옷자락도 조금씩 빗물에 젖고 있었지요. 하지만 선비는 여전히 움직일 줄을 몰랐습니다.

〈마상청앵도〉는 바로 이런 장면을 담은 그림입니다. 위쪽 왼편에 쓰인 시는 김홍도가 쓴 것으로 보입니다. 이제 막 물이 오르는 버드나무와 꾀꼬리, 꾀꼬리를 바라보는 선비와 말 모는 아이가 전부인 이 그림은 바로 그 때문에 시적인 여운을 더 생생하게 느낄 수 있습니다. 게다가 은은한 한지의 빛깔에서 드러나는 부드러운 느낌이 이 장면을 더욱 품격 있는 이야기로 만들어 줍니다.

이처럼 주제를 드러내는 사물 외의 대상을 과감히 생략하는 생략법과 여백의 절묘한 구사로 탄생한 〈주상관매도〉와 〈마상청앵도〉는 김홍도 작품의 깊이를 보여 주는 뛰어난 그림이라고 할 수 있습니다.

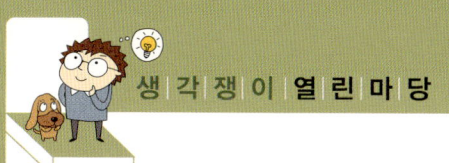

서양화와 동양화에 담긴 사상적 차이

화선지 위에 먹을 써서 여백을 살려 그리면 동양화, 캔버스 위에 유화 물감으로 색채와 원근감, 입체감 등을 살려 그린 것은 서양화. 과연 이게 전부일까? 서양화와 동양화는 겉으로 드러난 표현 기법의 차이 말고도 사상적인 측면에서 많은 차이가 있다.

가장 큰 차이점은 서양화는 자연을 극복해야 할 대상으로 생각한다는 것이다. 원근법도 이런 이유로 생겨났다고 할 수 있다. 화면의 저쪽에 소실점을 정해 놓고 사물들이 점점 작아지도록 표현한 서양화의 원근법은 소실점의 반대쪽에 인간의 시점을 정해 놓은 것이 특징이다. 즉 인간 중심으로, 단일한 인간의 시선으로, 모든 자연을 기계적으로 재배치한 것이다. 지금 우리 눈에는 원근법이 자연스럽게 보일지 모르지만, 사실 원근법은 어찌 보면 참으로 부자연스러운 표현법이라 할 수 있다.

하지만 동양화에서는 자연이 이 세계의 주인이다. 따라서 인간의 단일한 시선으로 사물을 배치하는 법이 없다. 오히려 인간이 자연의 일부로 희미

하게 처리되는 경우가 많다. 그림을 그리는 사람들도 자연과 일체감을 갖고 자연을 드높이는 것을 중요시한다.

　이러한 점은 김홍도의 〈주상관매도〉에서도 알 수 있다. 자연물을 위에서 내려다보는 것이 아니라 아래에서 올려다보는 시점을 취한 것은 대상을 높이 추어올리려는 마음을 담은 것이다. 게다가 관찰하는 인간 중심의 단일한 시점이 아니라 여러 시점을 선택한 것은 사물들의 질서를 일방적인 인간의 눈으로 재단하지 않으려는 노력의 하나였던 셈이다.

또한 동양화에는 서양화에서는 찾아볼 수 없는 화제라는 것이 있다. 화제는 그림을 해설할 뿐만 아니라 수준 높은 감상문의 형태로 덧붙여져 더욱 깊이 있는 감상을 유도한다. 때로 화제로 시를 적는 경우도 있다.

결국 시적인 울림과 여운을 추구하는 것은 동양화의 중요한 특징이라 할 수 있다. 시적인 울림과 여운을 다른 말로 여백의 미라고도 할 수 있다. 정교하고 세련된 기법으로 화면을 가득 채우는 서양화와는 달리, 비워 둠으로써 더욱 깊은 여운을 남기려는 것이 동양화의 특징인 셈이다.

인위적으로 무언가를 더하지 않고 오히려 비워 둠으로써 사물과 사물이 자연스럽게 어울리고, 공존 공생할 수 있음을 우리 조상들은 이미 오래전에 깨달았던 것이다.

마지막까지 붓을 놓지 않은 김홍도

평생의 후원자를 잃다

"주인마님, 주인마님! 큰일 났습니다!"

갑작스럽게 마당으로 뛰어든 하인의 목소리에 집 안이 소란스러웠습니다.

방 안에서 책을 읽고 있던 김홍도는 문을 열었습니다.

"무슨 일이냐?"

"저, 저, 주상 전하께서, 주상 전하께서……."

"허허, 답답하구나. 왜 그렇게 말끝을 흐리는 게냐?"

"주상 전하께서, 승하 하셨다 하옵니다."

"뭣이라? 다시 한 번 말해 보아라!"

"이를 어쩌면 좋습니까요. 주상 전하께서 승하하셨답니다."

"안 된다, 어찌 이런 일이, 어찌 이런 일이……."

승하 임금이나 귀한 신분의 사람이 세상을 떠난 것을 높여 이르는 말.

1800년 6월 28일, 마흔아홉 살의 정조가 갑작스럽게 세상을 떠났습니다. 정조의 각별한 사랑을 받아 오던 김홍도는 정조의 승하 소식을 듣고 하늘이 무너지는 것을 느꼈습니다. 스승 강세황의 죽음을 맞이했던 때만큼이나 충격이 컸습니다.

"소신, 하늘 같은 임을 여의었으니, 이제 어찌하오리까. 어디를 둘러보아도 의지할 곳 없는 신세가 되었으니 어찌하오리까. 임이 주신 사랑, 천만분의 일도 갚지 못하였으니 어찌하오리까. 꾀꼬리의 울음소리도 가슴을 찢어 헤치는 듯 구슬프니 텅 빈 가지만 남았습니다. 이제 어찌하면 좋습니까."

김응환이 죽고, 스승이 죽을 때만 해도 이보다 더 슬픈 일은 없을 거라고 생각했던 김홍도였어요. 그런데 이제 쉰도 안 된 정조의 죽음 앞에 김홍도는 할 말을 잃었습니다.

'전하가 없었다면 어찌 이 김홍도라는 화원이 존재할 수 있었겠는가…… 흑흑.'

김홍도는 앞이 캄캄해지는 것 같았어요.

김홍도는 지금까지 어찌 보면 정조라는 든든한 후원자의 품에서

마음껏 그림을 그릴 수 있었어요. 그런데 하루아침에 후원자를 잃어버렸으니, 앞으로 어떤 그림을 그려야 하고, 누구를 위해 그림을 그려야 할지 막막했던 것이지요.

그러나 김홍도는 마냥 슬픔에 잠겨 있을 수 없었어요. 나이 예순이 되던 해, 김홍도는 처음으로 규장각 자비대령화원으로 선출되었던 것입니다.

"오늘의 주제는 풍속화이니 원하는 것을 그리시오. 지금부터 취재를 시작하겠소."

동료 화원들은 구상을 마치고 그림을 그리기 시작했습니다. 하지만 김홍도는 눈을 감은 채 움직이지 않았습니다. 마음에 커다란 구멍이 뚫린 것처럼 쓸쓸하고 괴로워 도무지 그림을 그릴 기분이 나지 않았던 것입니다.

비록 나라 안 최고의 화가 10명만을 뽑아 규장각 직속으로 따로 관리하는 자비대령화원이라 하나, 자비대령화원은 수시로 동료 화원들과 재주를 겨루는 시험을 치러야 했습니다. 그것이 바로 취재였습니다. 취재 시험은 삼상, 삼중, 삼하로 각각 3명씩 9명을 뽑았는데, 등수에 따라 녹봉이 달랐지요.

이제 자신을 아껴 주던 정조가 세상에 없으니 정조를 위해 그림을 그릴 일도 없고, 따라서 김홍도는 생계를 꾸릴 일이 막막했어요. 그래서 그는 가족들을 위해 어쩔 수 없이 그림을 그릴 수밖에 없었습니다.

하지만 그보다 더한 고통은 환갑을 바라보는 나이에 이제 갓 스무 살이 넘은 젊은 화원들과 솜씨를 겨루어야 한다는 것이었어요. 지금까지 이 나라 최고의 화원으로, 정조가 살아 있을 때는 자비대령화원에서도 제외되어 오로지 임금이 보는 그림만을 그리고, 세도가들도 쩔쩔매면서 그림 청탁을 해야 했던 김홍도였습니다.

그런데 이젠 누구도 김홍도의 재능을 특별한 것으로 인정해 주지 않았습니다. 김홍도는 예전 금강산에서 그림을 그릴 때 느낀 외로움이 다시 찾아온 것을 느꼈어요. 하지만 이번에는 아무래도 이겨 내지 못할 것 같은 불길한 예감에 사로잡혔지요.

21세기에 다시 만나는 김홍도

김홍도는 생활을 위해 더 많은 작품을 그려야 했어요. 그해 9월에는 개성 상인들의 부탁을 받고 〈기로세련계도〉를 그렸습니다. 커다란 차일 아래 64명의 노인이 상을 받고 잔치를 벌이는 장면이 담긴 작품이지요.

잔술을 파는 아낙네, 술에 취해 비틀거리는 사람, 구걸하는 걸인 등 세세한 풍속이 송악산의 산수와 잘 어우러진 이 작품은 1801년 순조 임금의 수두˚가 나은 것을 기념하기 위해 그린 〈삼공불환도〉와 함께 김홍도 만년의 걸작품이라고 할 수 있어요.

수두 피부에 붉고 둥근 발진이 났다가 작은 물집으로 변하는 바이러스성 전염병.

김홍도는 그림을 놓고 싶지 않았어요. 금강산을 여행하며 얻은 조선의 전통 산수 기법과 자신만의 풍속화를 결합시켜 고유한 그림 세계를 더욱 발전시키고 싶었지요.

그러나 한 해가 더 지나고, 김홍도의 삶은 점점 더 어려워질 뿐이었어요. 가을부터 병이 깊어져 이제는 그림을 그릴 수도 없었습니다. 취재에도 나갈 수 없고, 청탁을 받아도 그림을 그릴 힘이 남아 있지 않았습니다. 화원이란 그림을 그려 팔지 않으면 살 방법이 없으니 집안이 어려워지는 것은 당연한 일이었지요.

어느덧 창 밖으로 눈이 내리는 겨울이 찾아왔습니다. 심홍노는 서글픈 마음에 알고 지내던 형님에게 편지를 썼습니다.

산에 눈이 쌓이니 사람이 더욱 그리워집니다. 먼저 안부를 물어 주시니 얼마나 감사한 일인지 모르겠습니다. 이 극심한 추위에 건강하시다니 다행입니다. 못난 아우는 가을부터 위독한 지경을 여러 차례 보내며 삶과 죽음을 왔다 갔다 하였고, 오랫동안 신음하고 피로웠답니다. 이제 한 해의 끝이 다가오니 온갖 근심이 가득하고 제 스스로가 불쌍하여 어쩔 수 없습니다. 을축년 동짓달 스무아흐레, 아우 김홍도 올림.

12월이 되어서도 김홍도의 병세는 나아지지 않았어요. 김홍도는 벌써 며칠 전에 아들 양기의 편지를 받고 답장을 하려고 했지만, 계속 미뤄 두고 있었습니다. 아들의 편지는 훈장 선생에게 드릴 월사금을 어서 보내 달라는 내용이었어요. 아버지로서 어떻게든 그 돈을 마련하기 위해 애를 썼지만 결국 돈을 마련하지 못했지요.

월사금 옛날에 스승에게 감사의 뜻으로 다달이 바치던 돈.

차가운 방에 홀로 누워 있던 김홍도는 깊은 한숨을 내쉬었어요. 목을 빼고 소식을 기다리고 있을 아들의 얼굴이 떠올랐습니다. 양기는 아버지처럼 훌륭한 화원이 되겠다는 꿈을 가지고 있었습니다.

김홍도는 혼잣말처럼 중얼거렸어요.

"평생 화원으로 지냈으면서도 아들 그림 공부 하나 제대로 못 시키고 이렇게 늙어 버렸구나. 어디로 갔을꼬, 세월이란 것이. 허망하구나. 아비 없이 앞으로 살아갈 네가 가엾고 아무것도 못해 주고 이렇게 떠나야 하는 내가 가엾구나."

김홍도는 어떻게든 힘을 내어 몸을 일으키려 했습니다. 얼굴색이 하얗게 질리도록 애를 쓴 뒤에야 간신히 자리에 앉아 떨리는 손으로 붓을 잡을 수 있었지요. 짧은 글을 쓰는데도 몇 번이나 붓을 놓고 가쁜 숨을 가다듬어야 했습니다.

　　아들 양기 보아라.
　　날씨가 이처럼 차가운데 너의 공부는 어떠하냐? 내 병은 그대로이니 더 말할 필요가 없을 것이다. 너의 훈장 선생에게 드릴 월사금을 보내지 못하는 것이 한탄스럽구나. 정신이 어지러워 더 쓰지 않는다.
　　을축년 섣달 열아흐레, 아버지가 쓴다.

　　김홍도가 마지막으로 그렸다고 전해지는 〈추성부도〉는 김홍도 말년의 허망함과 쓸쓸함을 그대로 보여 주는 작품입니다.
　　가을밤, 죽을 날이 멀지 않은 노인이 책을 읽다가 이상한 소리가 나는 것을 듣고서 동자를 마당에 내보냅니다. 황량한 나무들이 이따금 바람에 흔들리면 몇 개 남지 않은 잎사귀가 허망하게 떨어지고, 차가운 달빛이 쓸쓸히 그 주위를 비춥니다. 어디를 둘러보아도 따스함은 찾을 길이 없지요.
　　김홍도는 이 그림에 다음과 같은 화제를 남겼습니다.

젊었던 얼굴이 어느새 마른나무같이 시들어 버리고
까맣던 머리가 백발이 되어 버리는 것도 당연하다 할 수 있다.
동자는 아무 대답 없이 머리를 떨구고 자고 있다.
단지 사방 벽에서 벌레 우는 소리만 찌르륵찌르륵 들리니,
꼭 나의 탄식을 돕는 것 같구나.

결국 김홍도는 1806년 예순두 살이 되던 해에 세상을 떠난 것으로 보입니다. 김홍도가 언제 죽었는지 정확하지 않은 것은 조선 사회가 화원을 천하게 여겨 제대로 기록을 남기지 않았기 때문입니다. 게다가 아들 김양기나 김홍도의 친척들도 이와 관련된 글을 남기지 않아 김홍도가 죽은 해를 정확하게 말하기는 어렵지요.

다행히 김양기가 나중에 아버지의 글을 모아 《단원유묵첩》을 묶었습니다. 남은 사람들은 이를 통해 김홍도의 자취를 조금이나마 더듬어 볼 수 있을 뿐입니다.

청계천 옹벽에 그려진 〈화성행행반차도〉 앞에서 출발해 18세기 조선을 아름답게 수놓았던 김홍도의 삶을 살펴본 소감이 어떤가요?

김홍도는 젊은 나이에 나라 안에 이름을 떨친 천재 화가였지만, 결코 자만하지 않았습니다. 꾸준히 실력을 쌓았고, 겸손한 태도로 많

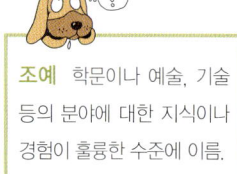

조예 학문이나 예술, 기술 등의 분야에 대한 지식이나 경험이 훌륭한 수준에 이름.

은 친구를 사귀었지요. 그림뿐만 아니라 시와 음악에도 조예가 깊어 양반 사대부를 뛰어넘는 교양을 가진 예술가이기도 했습니다. 또한 정이 많고 익살과 해학을 갖춘 인간미 넘치는 사람이었지요. 사실적인 산수화와 풍속화를 잘 그렸고, 특히 조선의 냄새가 물씬 묻어나는 화법을 만들어 낸 것은 커다란 업적이었습니다.

그러나 무엇보다도 김홍도는 임금과 백성들의 사랑을 동시에 받은 화원이었습니다. 김홍도는 명실상부한 조선 후기의 대표 화가이자, 국민 화가였던 것입니다.

여러분은 이제 청계천변을 걸을 때나 안산의 축제 마당 혹은 수많은 책 속에서 김홍도의 그림을 마주할 때마다 예전과는 다른 새로운 감동을 느끼게 될 것입니다.

온전한 조선의 자연과 조선 사람들의 모습을 화폭에 담고자 했던 김홍도!

김홍도 역시 오늘날 자신의 작품을 흥미롭고 관심 어린 눈으로 지켜보는 여러분이 있다는 사실에 아마도 흐뭇한 미소를 짓고 있을 것입니다.

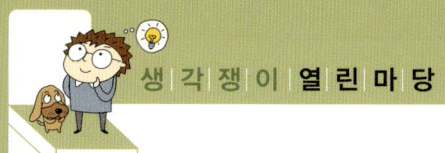 생각쟁이 열린마당

문화 예술을 지켜라!

2006년 11월, 겸재 정선의 그림 스물한 점이 들어 있는 화첩이 82년 만에 고국으로 돌아왔다. 국보급 문화재로 평가되고 있는 정선의 화첩은 1924년 조선을 방문했던 독일의 한 수도원장이 그림상으로부터 구입해 간 것인데, 성베네딕도회 소속 선지훈 신부의 노력으로 우리나라로 돌아올 수 있었다. 서구 열강의 문화재 수탈, 그리고 문화 예술을 지키기 위한 우리의 노력이 부족하다는 점을 생각해 본 계기가 된 사건이었다.

서구 열강들은 제국주의 시대에 식민지를 개척하면서 단순히 나라만 지배한 것은 아니었다. 그 나라의 정신을 파괴하기 위해 뛰어난 예술품들을 허락도 없이 약탈해 가기 일쑤였다. 일본이 당시 식민지였던 우리나라의 국보급 문화재들을 가져가 아무런 죄의식도 없이 자기네 박물관이나 미술관에 전시해 놓고 있는 것은 가슴 아픈 것을 넘어 수치스러운 생각이 들게 만드는 일이다.

프랑스 국립도서관이 소장하고 있는 외규장각 도서는 어떤가. 1866년

병인양요 때 강화도를 침입한 프랑스 군은 외규장각에 보관 중이던 책을 불태우고 그 중 340여 종을 훔쳐 갔다. 제국주의의 잔학상을 그대로 보여 준 사건이었다.

우리나라는 1991년이 되어서야 규장각을 관리하던 서울대 도서관의 요

청으로 이를 공론화하기 시작했다. 1993년 테제베(TGV)라는 고속 열차 판매를 위해 방한한 당시 미테랑 대통령이 김영삼 대통령과의 정상 회담에서 '교류 방식으로 영구히 대여한다'고 약속했지만, 외규장각 도서는 아직도 돌아오지 않고 있다.

약탈해 간 문화재를 넘겨주지 않는 프랑스 측의 태도를 비판하고 문화재 환수를 위해 지속적인 노력을 펼치는 것은 물론 중요하다. 하지만 그와 함께 우리의 자세를 점검해 볼 필요가 있다.

우리는 과연 우리 문화재를 지키기 위해 어떤 노력을 했을까? 제대로 보존하지 못해 지금은 아예 그 흔적조차 찾아볼 수 없는 김홍도의 작품이 많다는 현실을 생각해 본다면 반성은 바로 우리 자신부터 시작해야 하지 않을까?

문화의 시대, 전통문화를 지키고 보존하는 노력이야말로 문화 강대국으로 가는 첫걸음이 될 것이다.

김홍도의 발자취

1745년 태어남.

1751년(7세) 당대 최고의 문인 화가이자 이론가인 강세황으로부터 그림을 배우기 시작함.

1761년(17세) 도화서에서 그림을 그리기 시작함.

1765년(21세) 궁궐 행사를 기록한 〈경현당수작도계병〉을 그림.

1740   1750   1760

1762년 프랑스의 사상가 루소가 인간의 자유와 평등을 논한 《민약론》을 발표함.

1765년 영국의 와트가 증기 기관을 완성함.

1773년(29세) 임금의 얼굴을 그리는 어용 화사가 되어 영조와 왕세자의 초상화를 그림.

1774년(30세) 사포서 별제 벼슬에 오름.

1776년(32세) 여덟 폭 병풍에 〈신선도〉를 그림.

1778년(34세) 선비가 세속을 유랑하며 마주친 다양한 풍경을 〈행려풍속도〉에 담아 내고, 중국 고사를 바탕으로 한 〈서원아집도〉를 그림.

1779년(35세) 소나무와 달을 소재로 한 〈송월도〉를 그림.

1781년(37세) 정조의 초상화와 〈모당평생도〉 등을 그림.

1783년(39세) 경상북도 안기의 찰방 벼슬에 임명됨. 이 무렵 명나라의 문인 화가 이유방의 호를 따서 '단원'이라 호를 지음.

1784년(40세) 자신의 집을 그린 〈단원도〉를 그림.

1786년(42세) 안기 찰방 벼슬을 마침.

1787년(43세) 서예가 이한진과 함께 〈영정첩〉을 그림.

1788년(44세) 정조의 명을 받고 〈금강산도〉를 완성함.

1789년(45세) 이명기와 함께 청나라에 가서 사찰과 천주당에 그려진 그림들을 보고 원근법과 명암법을 알게 됨.

1790년(46세) 용주사 대웅전에 전통 화법과 서양식 화법을 조화시켜 〈삼세여래후불탱화〉, 〈칠성여래사방칠성탱〉 등의 불화를 그림. 산수화 〈기려원유도〉를 부채에 그림.

1791년(47세) 정조의 초상화를 그림. 그 공을 인정받아 충청북도 연풍 현감에 임명됨.

1792년(48세) 연풍에 심한 가뭄이 들어 나라에서 나온 구휼미에 자신의 재산을 보태 쌀을 사서 백성들에게 나누어 주고, 조령산 상암사라는 절에서 기우제를 지냄.

1793년(49세) 아들 연록이 태어남.

70 **1780** **1790**

1772년 프로이센·러시아·오스트리아가 폴란드를 분할함.

1776년 미국이 영국으로부터 독립을 선언함.

1781년 독일의 철학자 칸트가 《순수 이성 비판》을 펴냄.

1785년 에스파냐가 식민지 필리핀을 착취하기 위한 왕립 필리핀 회사를 설립함.

1789년 프랑스에서 시민 혁명이 일어남.

1791년 프랑스 혁명을 목격한 미국의 작가 토머스 페인이 《인간의 권리》를 발표함.

1795년(51세) 연풍 현감 직을 그만 둠. 정조가 어머니 혜경궁 홍씨의 회갑 잔치를 위해 수원 화성으로 행차하는 전 과정과 잔치를 기록한 《원행을묘정리의궤》의 삽화를 그림. 《을묘년 화첩》과 여덟 폭 병풍에 〈풍속도〉를 그림.

1796년(52세) 수원 화성이 완공되자 화성 행궁에 배치하기 위해 수원의 빼어난 경치를 묘사한 〈화성춘추팔경도〉 병풍을 그림. 《병진년 화첩》을 그림. 정조가 아버지 사도세자를 기리기 위해 세운 용주사에 〈부모은중경〉을 그림.

1797년(53세) 사람이 지켜야 할 다섯 가지 도리를 담은 책 《오륜행실도》의 삽화를 그림.

1798년(54세) 〈해산선학도〉와 〈방화수류도〉를 그림.

1800년(56세) 여덟 폭 병풍에 〈주부자시의도〉를 그려 정조에게 바침.

1801년(57세) 순조 임금의 수두가 완쾌된 것을 기념하기 위해 〈삼공불한도〉를 그림.

1803년(59세) 율곡 이이가 살았던 황해도 해주의 풍경을 주제로 한 〈고산구곡도〉 여덟 폭 병풍 중 제3폭 〈관암도〉를 그림.

1804년(60세) 자비대령화원으로 선출되어 수시로 동료 화원들과 재주를 겨루는 시험을 치르게 됨. 〈기로세련계도〉를 그림.

1805년(61세) 〈추성부도〉를 그림.

1806년(62세?) 세상을 떠남.

1800

1796년 러시아가 페르시아를 침입해 전쟁을 일으킴.

1799년 발칸 반도의 몬테네그로가 오스만 제국으로부터 독립함.

1804년 나폴레옹이 프랑스의 황제가 됨.

1818년 아들이 아버지의 글을 모아 《단원유묵첩》을 만듦.

1991년 김홍도의 스승 강세황이 안산에서 활동했기 때문에 문화관광부가 경기도 안산시를 김홍도의 도시로 지정함.

1999년~ 안산시에서 해마다 10월에 '단원 미술제'를 열어 그림 전시와 함께 체험 행사를 벌이고 있음. 2003년부터는 '김홍도 축제'와 함께 열림.

2007년 충북 괴산군이 김홍도 미술관, 김홍도 거리, 김홍도 공원 등을 포함한 김홍도 마을을 2011년까지 조성할 계획을 세움.

10 | 1990 | 2000

1814년 프랑스 혁명과 나폴레옹 전쟁을 수습하기 위해 빈에서 국제 회의가 열림.